本質がわかる・やりたくなる

新 理科の授業

5年

小佐野正樹

八田　敦史

子どもの未来社

はじめに

　「私はこの学習をして植物はかしこいと思いました。なぜなら虫媒花は虫を引き寄せるために花びらを目立たせたり、みつを出したりして工夫しているからです。他にも風媒花は花粉が飛びやすい形にしていたりしているからです。また、水や栄養を取り入れ、成長して子孫を残すところは人間と同じだと思います。でも、（植物が）たくさん子孫を残すのは人間とはちがうと思います。（中略）植物は動けないし虫などがきたら簡単にやられてしまうので、たくさん子孫を残します。私はこのことを考えると、植物は大変ななかを工夫して生き延びているのですごいと思いました。」

　「花から実」の学習をした児童の感想です。教科書ではアサガオかヘチマかどちらかで条件制御した受粉実験を行うこととなります。でも、個別の事例であるため「植物はたくさんの子孫を残すために工夫をしている」という共通した見方は育ちません。子どもにとって学ぶ価値のある学習をすることで、これまで見ていた植物の世界が広がります。そのことがこのような感想を書くことにつながったと考えます。

　「不易と流行」という言葉があります。とりわけ教育界では「流行」の方が注目され、流行に合わせた授業を目指すあまり、理科で本当に学ぶべき自然のしくみの理解を忘れた授業を何度も見てきました。学習指導要領の改訂にあたって理科で流行している言葉は「理科の見方・考え方」です。5年生では条件制御を理科の考え方としています。そのため、教科書を見ると条件制御を意識した実験が目立ちます。

植物の発芽に必要な条件を調べるため、水を与えた種子と与えていない種子とを比べるのはその一例です。また、発芽した植物が育つのに必要な条件を調べるため、日光や肥料を与えた苗と与えていない苗とを比べます。これらの実験は条件制御をしやすいでしょう。ですが、子どもがこれらの学習から得るものはあるでしょうか。種まきをしたら水をあげなくてはいけない、植物をよく育てるには日当たりのいい肥えた土壌に植えるのがいい、ということはこれまでの生活経験から子どもはすでに知っています。学ぶ価値があるとはいえません。

　試験管の中に綿を入れ、水に沈んだ種子・水に浸った種子・水に触れていない種子を用意し、「この中で発芽する種子はどれでしょう」と問えば、子どもは自ずと種子の周囲の環境・条件の違いを意識して考え始めます。短時間でも植物の発芽条件を学ぶことはできるのです。そして、捻出した時間で学ぶべき価値のある内容を教えましょう。

　私は先輩から「不易8割、流行2割」と教わりました。この本で紹介している内容には多くの不易が詰まっています。自然科学の法則やしくみを学ぶ理科での不易は何かを忘れずに、子どもと向き合いたいものです。

2020年3月　　　八田敦史

CONTENTS もくじ

※ QRコードで動画や静止画が見られます。教師向けの実験動画や授業の資料画像です。
　　動画…🔘動　　　静止画…🔘写
　　〈掲載ページ〉　p.44, 47, 49, 62, 63, 108, 136, 137, 147, 148, 154

第 1 章

5年理科で大事にしたいこと

「生物は子孫を残す」と
「物質にはさまざまなものがある」を柱に

　高学年の仲間入りをする5年生。知識や体験も少しずつ豊富になり、論理的な追究もさかんに行うようになる時期の子どもたちである。この時期にふさわしい理科の内容として、次の2つの柱を考えたい。

　1つは、「生物は子孫を残す」という学習である。植物も動物も栄養を獲得して成長していく「個体維持」の活動と、子孫を残していく「種族維持」の活動をしている。小学校の生物学習では、こうした生物の姿をおおまかにとらえられるようにしたい。そのなかで、5年生の生物学習では植物や動物がどのようにして子孫を残すしくみをもっているかを中心に学習し、6年生の「植物のからだのはたらき」や「動物のからだのはたらき」の学習につなげたい。

　もう1つの柱は、「物質にはさまざまなものがある」という学習である。例えば、4年生までは「どんな物も重さと体積をもつ」「物は温度によって体積が変わる」などというどんな物質にも共通するもっとも土台となる概念や法則を学習してきた。そのあとの5年生では、「もののとけ方」でも食塩やでんぷんでは同じ水に入れてかき混ぜても、さまざまな違った性質が見えてくることを知る。その時も、4年生までに学習してきたことが使われ、使うことで深められる。つまり、「より多様な事実をとりあげるなかで一般性を追究する」学習を進めたい。

　5年生では、大きくこの2つの柱を中心に内容を考えたい。

植物は花で実（種子）をつくる

　まず、5年生の生物学習では、「植物の繁殖」「動物の繁殖」「ヒトの誕生」というひとつながりの学習を通して、生物がどのように子孫を残す営みをしているかを見ていくことにする。

　生物学習のスタートに、子どもたちが知っている植物や動物の名前をあげさせると、けっこう偏ったとらえ方をしていることに気づく。チューリップ、ヒマワリ、アサガ

オといった栽培植物の名前はよく出てくるが、オオバコやナズナといった野草はふだん見ているのに名前を知らないことが多い。動物といえば、ライオン、ウマ、サルといったほ乳動物の名前はすぐ出てくるけれど、カマキリやバッタ、ミミズ、イワシなどの「虫や魚は動物ではない」と考えている子がたくさんいる。

　まず、生物は大きく植物と動物に分かれることを確かめたうえで、「植物とはどんなものか」「動物とはどんなものか」というそれぞれの言葉の意味を共通にしておきたい。「植物は自分では移動しないが、動物は自分で動き回る」「植物はものを食べたりふんをしないが、動物はいろいろなものをつかまえて食べるしふんをする」「植物は種子で子孫を残すが、動物は卵や子どもを産んで子孫を残す」。初歩的ではあるが、こうしたとらえ方はこれからの学習の基礎になるものである。

　さて、子どもたちに「花ってなんのために咲いているの？」と聞くと、「人間の目を楽しませるため」とか「虫にみつをあげるため」といった答えが返ってくることがある。でも、植物にとって、花は本当はもっと大切な役割をもっているのである。タンポポの花が咲いたあと、花びらが散ってあの綿毛の下にタンポポの種子ができる。植物にとって、花は実（種子）をつくり子孫を残す大切なはたらきをしている器官なのである。そういう見方ができると、自分では動けない植物が花粉を虫に運ばせるために虫が集まる花の色をしていたり、みつを出していることの意味が見えてくる。

　アブラナという植物は、花が咲いたあとそれが実になっていく様子を見るのに適した教材である。上の方から、つぼみ、開いた花、枯れた花、小さな実、熟して中に種子がある実という様子が1株のなかで同時に見られるからだ。

　「実（種子）は花からできた」ということを確認したあと、そのアブラナの花の1つをとって、がくと花びらとおしべをとり除いてみると、あとにめしべが残る。めしべのもとの太くなった所（子房）をすかして見ると、中に小さな粒が並んでいるのがわかる。これが種子の赤ちゃんである。つまり、花の中のめしべのもと（子房）が実（種子）になっていくのである。花のつくりをめしべ、おしべ、花びら、がくとただバラバラにおぼえるのではなく、実（種子）をつくる役割をもったおしべとめしべを中心にとらえられるようにしたい。

　チューリップのような球根で育てる植物でも花が咲いたあとに実（種子）ができることを見たり、イネやマツ、トウモロコシのように花びらのない「花らしくない花」でもめしべやおしべがあって受粉したあとに実ができることを見たりすることは、植物にとっての花の役割をあらためてはっきりとらえることになる。そして、「花が咲いたあとには実（種子）ができる」「実（種子）があれば花が咲いたはずだ」と考えられるような子どもにしたい。

　ところで、タンポポ1本についた種子の数を手分けして数えてみると、およそ170

個もあることがわかる。これだけの種子が風に飛ばされて地面に落ちそこから全部発芽したら、世界中がタンポポだらけにならないのかと子どもたちは疑問に思う。でも、実際にはそうはなっていない。植物はたくさんの種子をつくるが、地面に落ちて水に流されたり虫に食べられたり厳しい自然環境の中で、そのなかのほんのいくつかが発芽して、ようやく子孫を残すことができるからだ。植物がなぜあんなにたくさんの種子をつくるのか、その意味をとらえさせたい。教科書に載っている発芽条件を調べる実験も、これと結びつけて学習したら、この実験を学ぶ意味を子どもたちは理解するだろう。

　トウモロコシの種子が発芽してしばらくたったものを掘り返して調べてみると、種子の中身がなくなって皮だけになっている。種子の中にあった栄養分（胚乳）が使われてしまったからである。ダイズが発芽するとまず子葉（ふたば）が出てきて、成長するにつれて子葉がしぼんでいく様子が見られる。発芽するための栄養分がもともと子葉にたくわえられているのである。種子は発芽するために必要な栄養分を自分でもっていて、それを使って発芽し、育っていく。つまり、種子は「お弁当持ちの赤ちゃん」だといえる。そういう種子のしくみもとらえさせたい。

動物は子孫を残す

　昔から「ウジがわく」という言い方があるように、子どもたちのなかには、虫がどこからともなく発生していると考えている子もいる。でも、注意深く観察すれば、どんな動物も親なしでうまれてくる子どもはいないことがわかる。「親なし子はいない」ことをまずはっきりさせる。

　ところで、動物にはこん虫や魚のように卵をうんで子孫を残すものと、ほ乳動物のように子どもをうんで子孫を残すものとがある。どちらにしても、それをうむのはメスである。では、オスはどんな役目をしているのだろうか。ほとんどの子どもは、メスがうんだ卵や子どもをオスが守るといったていどのとらえ方である。

　アジやニシンのメスとオスを解剖すると、メスの腹にたくさんの卵が入った「卵巣」があり、オスの腹に白い精子が入った「精巣」を見ることができる。サケが水中で産卵している写真を見ると、必ずメスとオスが寄り添うようにして、メスが卵をうむとオスがお腹から白い液を出して卵にかけている。メスがうんだ卵はオスが出す精子と結合して初めて生命が誕生し育っていく。これを「受精」という。

　魚やカエルのような水中で生活する動物では、メスがうんだ卵にオスが精子をかけるという受精のし方（体外受精）をする。でも、鳥やこん虫などのような陸上動物は、そのような受精のし方をするわけにはいかない。精子は乾燥に弱く、空気にふれると

すぐに死んでしまうからである。そのため、陸上動物の場合はメスとオスが交尾してオスの精子をメスの体内に直接送り込む、「体内受精」をするしくみになっている。

ネズミやゾウのようなほ乳動物の場合でも、同じである。オスの体には、精子をつくる精巣（せいそう）と精子をメスの体内に送り込むペニスがある。メスの体には卵をつくる卵巣と子どもを育てる子宮、赤ちゃんが出てくるワギナがある。オスはペニスをメスのワギナに入れて、直接精子をメスの体内に送り込む。精子はメスの体内で卵と結合（受精）して、生命をもった胎児に成長し、誕生してくるのである。

ところで、１匹のメスは１回にどれくらいの数の卵や子どもをうむのだろう。ブリは150万個、マンボウはなんと２億８千万個の卵をうむそうである。こんなにたくさんの卵がうまれて、世界中の海がブリやマンボウでいっぱいにならないのはどうしてだろう。どれも親は卵を水中にうみっぱなしなので、ほとんどが他の魚に食べられてしまったり、稚魚のうちに他の魚のえさになってしまって、成魚まで大きくなるのはほんの１～２匹なのである。ちょうど、植物の種子がそうだったように、多くの動物もたくさんの卵をうんで、そのなかのわずか何個かが成長して子孫を残しているのである。

一方で、スズメは、１回に４～８個しか卵をうまない。スズメは巣の中でこの卵をあたためてひなをかえし、ひなにえさをやって育てる。産卵数が少なくても子孫を残せるのは、親が卵や子どもを守ったり育てているからである。ウシやヒトのようなほ乳動物になると、さらに親の体内でじゅうぶん大きくなるまで育てられ、うまれると栄養いっぱいの母乳で育てられる。親は他の動物に食べられないように子どもを守る。こういう動物の場合は、１回に１頭しかうまなくても子孫を残していけるのである。動物が卵や子どもをうむ数は、親の生活と深い関係があることをとらえさせたい。

ヒトは哺育（ほいく）して子孫を残す

「動物の繁殖」を学習してきた子どもたちは、ほ乳動物のメスの体内には卵をつくる卵巣や子どもを育てる子宮、子どもがうまれてくるワギナがあること、オスの体内には精子をつくる精巣や精子をメスの体内に送り込むためのペニスがあることを知っている。このような生殖のしくみは、ほ乳動物としてのヒトの場合も同じである。男の精巣でつくられる精子と女の卵巣でつくられる卵が女の体内で結合（受精）して初めて生命が誕生する。

でも、「男の精子をどうやって女の体内に送り込むのか」ということになると、子どもたちには考えにくい。他の動物で「体内受精」や「交尾」のことは学習していても、ヒトとなるとそれとは別という感覚があるからだ。でも、ヒトの男女の体内には、他

のほ乳動物と同じような生殖器官があることから、男のペニスを女のワギナに入れて精子を女の体内に直接送り込むのだろうという理解にいたるのは、それほど難しいことではない。動物学習で得た知識を土台にして、ヒトの体のしくみを明らかにする学習に取り組みたい。

　メダカやニワトリの卵の中には、胚（赤ちゃんのもと）という子どもに育っていくための栄養が初めから入っている。卵が親の体から離れてしまうのだから、そうした栄養がないと子どもは育たない。ちょうど植物の種子が「お弁当持ちの赤ちゃん」だったのと似ている。

　しかし、ヒトの卵は直径約0.14mmという小さなもので、「お弁当」は持っていない。ヒトの場合、受精卵は栄養を母親からもらって育っていくのである。では、母親はその栄養をどうやって受精卵に送るのだろうか。「お母さんと赤ちゃんはへそのおでつながっていると聞いたことがあるから、きっと、そこからお母さんの食べた物の栄養をもらって育つと思う」。子どもはこんな予想をたてる。実際、胎児は子宮の壁にある胎盤とへそのおでつながっていて、母親のとった栄養と酸素が血液に溶けて胎盤まで送られてきて、へそのおを通って胎児に送られる。

　こうして母体内で約10カ月の間育った胎児は、赤ちゃんとなって誕生する。うまれた赤ちゃんは、しばらくの間、母乳で栄養をとって育てられる。

　5年生では、「植物の繁殖」から始まって、「動物の繁殖」、「わたしたちの体（ヒトの誕生）」とひとつながりの学習を進めることで、生物がどのようにして子孫を残す営みをしているかをとらえられるようにしたい。

物は水に溶けてもなくならない

　「物が溶ける」という言葉は、生活の場面ではいろいろな意味で使われる。「砂糖が溶ける」「鉄が溶ける」「塩が溶ける」「氷が溶ける」など。しかし、よく考えると、これらのなかに2つの違った現象が含まれていることがわかる。砂糖や食塩のように「水に溶ける」場合と、鉄や氷のように温度が上がって固体が液体に状態変化する「とろける」場合である。前者は「溶解」と言い、後者は「融解」という現象である。5年生では、「溶解」について学習する。

　砂糖を水に入れてかき混ぜて溶かしたとき、「砂糖がどうなったら『水に溶けた』と言えるの？」と聞くと、「砂糖の粒が見えなくなればいい」「砂糖水が透明になればいい」という答えが返ってくる。砂糖を乳ばちにとって粉になるくらい細かくすりつぶしても、それを顕微鏡で拡大して見ると、小さな粒が見える。ところが、その砂糖の粒を水に入れると、たちまちのうちに水の中でバラバラになってしまって、顕微鏡で

も見えないほど小さな粒（分子）になり、水の中で分子運動によって動き回っている。これが「溶解」という現象なのである。だから、砂糖が水に溶けると液は透明になり、砂糖が下に沈んでしまうこともないのである。子どもたちに分子運動まで教える必要はないが、物が水に溶けると透明になり、時間がたっても沈殿しないことはしっかりおさえたい。

砂糖が水に溶けた液のことを「砂糖水溶液」（または、簡単に「砂糖水」）という。「水溶液」は、砂糖の場合のように無色透明なものばかりではない。ごく少量のクエン酸鉄アンモニウムとベンガラ（酸化第二鉄）とをそれぞれ試験管の水に入れてふってみる。すると、どちらも液は茶色になるが、クエン酸鉄アンモニウムの方は液がすきとおって見える。ベンガラの方は濁ってしまってだんだん粉が試験管の底に沈んでいくのが見える。有色な液でも「透明」と「濁っている」の違いで、水に溶けたかどうかがわかるのである。

これらの有色な液を、ろ紙でこしてみる。ベンガラと水がまざった液は、ろ紙の上に茶色のベンガラが残り、ろ紙を通過したろ液はふつうの無色透明の水になっている。ベンガラがこしとられてしまったのである。ところが、クエン酸鉄アンモニウム水溶液の方は、水に溶けた小さな分子がろ紙のすき間を通過してしまうので、ろ紙の上には何も残らず、通過したろ液は茶色のクエン酸鉄アンモニウム水溶液のままである。水に溶けて分子の状態になったものは、ろ紙も通過してしまうのだ。

ビーカーに水と食塩を入れてよくかき混ぜると、食塩の粒は水に溶けて見えなくなってしまった。「食塩はなくなってしまったのだろうか」と聞くと、「食塩が見えなくなったから、なくなってしまった」と言う子どもと、「食塩の粒が見えなくなっただけで、食塩は水の中にある」と言う子どもと意見が分かれる。「食塩水をなめてみるとちゃんとしょっぱい味がするから、食塩はなくなったわけではない」「この食塩水を熱して水を蒸発させると、溶けていた食塩が出てくると思う」という意見も出される。そこで、食塩水を少量とって熱してみる。水が蒸発すると、あとに白い粉が残る（この方法を「蒸発乾固」という）。この粉をさましてからなめてみると、しょっぱい食塩の味がする。食塩は水に溶けて見えなくなっても、なくなったわけではなく、ちゃんと水の中にあることが確かめられる。

水の重さと食塩の重さをはかって、それからできた食塩水の重さをはかると、水と食塩の重さを合計したものにぴったり一致することがわかる。こうしたことから、「食塩は水の中にただ残っていただけじゃなくて、1粒残らず完全に残っていることがわかった」とノートに書いた子どもがいた。

透明なガラスコップの水の中に角砂糖を1つだけ静かに入れて、じっと観察していると、角砂糖のまわりからもやもやしたかげろうみたいなものが水の中を上にのぼり、

水面から全体に広がっていく。手でかき混ぜたわけでもないのに、角砂糖はだんだん小さくなって、やがてくずれてしまう。砂糖の粒が、自然と水の中に広がっていく様子が見られる。水に溶けた物は、水の中で均一に広がっていくのである。

　この「溶解」の学習では、「水溶液は透明になる」「溶けたものはなくならないで保存される」「均一に広がる」といったことをとらえさせたい。

　なお、「溶解」という現象は、生活のいろいろな場面で使われている。油性ペンのインクはアルコールにはよく溶けるが、水には溶けない。だから、油性ペンで書いてしまった汚れは水ぶきの雑巾ではなかなかとれないが、アルコールを脱脂綿にしみこませてふくと簡単に落とすことができる。また、植物の葉の緑色の色素も、水には溶けないがアルコールにはよく溶ける。だから、6年生の植物の光合成の実験では、葉をアルコールに入れて温めることで色素を取り除いている。それぞれの物をよく溶かす性質をもった液体を使いわけて、溶かしとっているのである。そんな「溶解」の世界にもふれたい。

電気が流れると磁石のはたらきを生じる

　鉄くぎにエナメル線を巻いた電磁石を作って乾電池につなぐと、鉄のゼムクリップがつく。子どもたちにとっては初めての経験だから、とても興味をもつ学習である。

　ところで、「この電磁石の鉄くぎを抜いてしまったもの（コイル）を乾電池につないでも、クリップは引きつけられるだろうか」と聞くと、「クリップは鉄くぎについたんだからその鉄くぎを抜いてしまったら引きつけられるはずはない」という意見と、「エナメル線に電気を流した時についたんだから、コイルだけでもつくと思う」という意見とまったく違った考えが出される。実際にためしてみると、クリップは電磁石のようにはつかないけれど、クリップを真っ直ぐにのばしたものはコイルの中にすっと引きこまれるので、子どもたちはびっくりする。鉄くぎがあるときほど強くはないけれど、鉄を引きつける磁石のはたらきはあることがわかる。

　「それでは、エナメル線1本に電気を流しても、磁石のはたらきはあるだろうか」と聞くと、さすがに「ある」と言う子どもは少ない。実際にやってみると、クリップを引きつけるほどのはたらきはないが、方位磁針を近づけると針が動くので、磁石のはたらきが生じていることが確かめられる。

　導線に電気を流すと、そのまわりに磁石のはたらきを生じる。電磁石は、その導線を何回も巻いたコイルにしてはたらきを強くし、その中に入れた鉄くぎを磁化させたものである。そのことを子どもたちにとらえさせたい。

　教科書では、エナメル線を100回巻きにしたときと200回巻きにしたとき、乾電

池が1個の場合と2個の場合とで引きつけられるクリップの数を比較する学習が中心である。しかし、このような厳密な数字によるデータとりの学習をしなくても、1本のエナメル線にも磁石のはたらきを生じることがわかってくると、「エナメル線を多く巻くことによってはたらきは強くなり、より強い電磁石をつくることができるということがわかった」と考えられるようになる。

川が地形をつくる

　教科書では、「流れる水のはたらき」として流水の侵食、堆積作用や氾濫したときの川の写真などによって、地形の変化を学習することになっている。一方、5年生の社会科では、日本の産業学習に関連して「国土の地形や気候の概要、自然条件」などがとりあげられているが、どうしても暗記的な扱いになっている。

　ここでは、「川がいろいろな地形をつくっている」ことをおおまかにとらえることを柱にした学習にしたい。

　川がどこから流れだし、どこに向かって流れているかといったことを、しっかりとらえていない子どもが多い。都会の低地で生活する子どもたちは、海水の干満の影響で下流から上流に向かって流れる川を見ているので、なおさらわからない。川は山から流れだし、海に注いでいることをまずとらえさせたい。

　白地図に大きな山と主な川の流れを地図を見ながら記入してみる。すると、北海道大雪山系の南側から流れ出た十勝川などは太平洋に流れこみ、大雪山系の西北側から流れ出た石狩川などは日本海に流れ込んでいる。本州でも同じように白地図に記入してみると、日本列島の中心をつらぬく背骨のような山脈を分水嶺にして、太平洋と日本海のそれぞれに流れる川の姿がわかる。こうした作業をとおして、どの川も山から流れ出て海に流れこんでいることをとらえることができる。同じ白地図に、おもな平野の場所を色鉛筆でぬってみる。すると、どれも大きな川の下流に広がっていることがわかる。河口のまわりにこうした平野ができるのも、川がつくった地形なのである。

　教科書には増水時や洪水の時の川の写真が載っているが、流水が土地を削り運んでいることと、それがどういう地形をつくっているかがむすびついてはじめて、川がいろいろな地形をつくっていることが実感できる。

　次に述べる「日本の天気」の学習もそうだが、社会科学習と結びつけて進めると理解が深まる。

水蒸気が多いと雲ができる

　教科書では多くのページをさいて、気象衛星からの雲写真やアメダスの雨量情報、天気の変化と気温の変化の関連を見るグラフなどが並んでいる。そして、これらの気象データから天気の変化を予想するという内容になっている。しかし、子どもたちがテレビやインターネットなどをとおして入手するデータ自体が天気予報を含んだものになっているのだから、わざわざ気象情報を用いて「予想」する学習の必然性がない。何より、こうした現象面だけの学習では、いろいろ調べて終わりという学習になってしまい、自然のしくみについてわかったという楽しさはない。

　天気や気象現象がどんな原理にもとづいて起きているのか、そうしたことをここでは学習したい。まず、雨がどのようなしくみで降るのか、そのおおまかな様子をとらえることから始める。日本のようにまわりが海にかこまれた所では、空気中に多くの水蒸気が含まれている。その水蒸気が上空で冷やされて雲をつくり、雨を降らせるのである。

　前にも紹介したように、社会科の教科書には「国土の地形や気候の概要、自然条件」として日本の気象の特徴的な様子が載っている。それを見ながら、冬、雪が多い地域はどこか調べてみると、新潟県など日本海側にたくさんの雪が降っていることがわかる。日本列島には真ん中に背骨のような山脈があるので、季節風によって日本海側から吹きつけた水蒸気をふくんだ雲は、山脈にあたって上昇するとともにさらに冷やされて雪を降らせる。それが、冬の日本海側の豪雪地帯をつくりだすしくみである。そして、雪を落として乾燥した空気が山脈を越え、太平洋側のカラカラ天気をつくるのである。

　また、夏、雨の多い地域はどこか調べてみると、高知県など太平洋側にたくさんの雨が降っていることがわかる。夏は太平洋から水蒸気を多く含んだ季節風が山脈にあたり、そこで多くの雨を降らせる。また、夏から秋にかけて訪れる台風の影響も見られる。

　日本列島は南北に長くのびている。だから、同じ季節でも札幌と那覇では気温も気象もかなり違う。日本海側と太平洋側の気象の違いと同時に、南北の違いも知ると、日本の地域的に多様な姿が実感できる。それが、社会科で学ぶ日本のさまざまな産業をうみだしていることに結びつく学習になるだろう。

ふりこには等時性がある

　最近はふりこ時計を目にすることも珍しくなり、ふりこの原理も身近なものではなくなった。教科書では、ふりこの糸の長さやおもりの重さを変えたときの1往復の時間を調べる実験方法を考えさせ、何度も実験データをとって表やグラフを作るような学習になっている。簡単な原理を見つけるためだけにこのような手間のかかるデータとりの学習を時間をかけて行うことは、あまり意味のあることとは思えない。ここでは、ふりこの往復運動の等時性を見つけ出すことを中心にすればいい。

　スタンドに下げた糸に5円玉をおもりにした簡単なふりこを作って、振れ幅やおもりの重さ（5円玉の数）を変えても往復する時間は変わらないが、糸の長さを変えると変わることを見つける。

　ふりこの原理自体は、それほど身近なものではなくなったが、ふりこのように行ったり来たり往復する動きを「振動」ということや、おもりが決まった時間に往復する回数を「振動数」ということは、中学に行って学ぶ振動や音の学習の基礎となるものである。

第2章

5年理科教科書はどんな内容か

5年理科教科書・各社の単元構成一覧

学校図書	教育出版	啓林館	大日本図書	東京書籍
1　ふりこの運動	1　天気の変化	●花のつくり	1　天気の変化	1　天気の変化
2　種子の発芽と成長	2　植物の発芽や成長	1　植物の発芽と成長	2　植物の発芽と成長	2　植物の発芽と成長
3　魚のたんじょう	3　メダカのたんじょう	2　メダカのたんじょう	3　メダカのたんじょう	3　魚のたんじょう
●台風の接近	●花のつくり	3　ヒトのたんじょう	4　台風と防災	●わたしの研究
●わたしの自由研究	●台風に備えて	●台風と気象情報	●自由研究	4　花から実へ
4　実や種子のできかた	●わたしの研究	●自由研究	5　植物の実や種子のできかた	5　台風と天気の変化
5　雲と天気の変化	4　花から実へ	4　花から実へ	6　流れる水のはたらきと土地の変化	6　流れる水のはたらき
6　流れる水のはたらき	5　ふりこ	5　雲と天気の変化	7　もののとけ方	7　もののとけ方
●川と災害	6　流れる水と土地	6　流れる水のはたらき	8　ふりこの動き	8　人のたんじょう
7　電流のはたらき	●川と災害	●みんなでつかう理科室	9　電磁石の性質	9　電流が生み出す力
●冬の天気	7　電流が生み出す力	7　ふりこのきまり	10　人のたんじょう	10　ふりこのきまり
8　もののとけ方	8　人のたんじょう	8　もののとけ方		
9　人のたんじょう	●受けつがれる生命	9　電流と電磁石		
	9　もののとけ方			

1．植物の発芽と成長、花から実への学習

　多くの教科書は1学期に「植物の発芽と成長」という単元で、種子が発芽する条件（水、空気、温度）について調べ、種子の中にでんぷんがふくまれていてそれが発芽する時に使われること、発芽した後の成長に日光と肥料が必要であることを学習するようになっている。そして、1学期の終わりか2学期の初めに「花から実へ」「実や種子のでき方」という単元で、花のつくりを調べ、「めしべのもと」が実になること、おしべの花粉がめしべについて（受粉して）実を結ぶことを学習する流れになっている。

　そういう教科書が多いなかで、啓林館と教育出版は4月に子どもたちが最初に開くページに、アブラナの花のつくりと実（種子）の大きな写真を載せている。このよう

に、たくさんの植物が花を咲かせるこの時期に、花のつくりや実（種子）の様子を見させることは、特別な意味がある。

　子どもの理解のし方から考えると、「花のつくり」をまず学習し、それから「花の中のおしべの花粉がめしべにつくとめしべのもとがふくらんで実（種子）ができる」→「種子が発芽する様子を見る」→「発芽した後の植物の成長を見る」という順序の方が時間的な流れから見ても自然だからである。

　いくつかの教科書が、「花から実へ」「実や種子のでき方」の単元を４月の冒頭ではなく２学期の初めにもってきているのは、長らく「学習指導要領解説　理科編」（以下「解説」）が「花粉をめしべの先に付けた場合と付けない場合で実のでき方を比較しながら調べる」と指示してきたことにおもな理由がある。そのため、どの教科書でもカボチャやヘチマ、アサガオなどを使って実際に花粉をめしべの先に付けた場合と付けなかった場合とで結実するかしないかを比較する実験（受粉実験）を載せ、その実験材料となるこれらの花が咲く時期に合わせて「花から実へ」「実や種子のでき方」の単元を後ろにもってきたというわけである。

　しかし、実際にこのような受粉実験をしてみても、なかなか教科書に書いてあるとおりの結果にはならない場合が多い。花粉の成熟時期や受粉のタイミングなど、さまざまな条件が難しいことがある。また、今回新しく改訂された「解説」では、これまでのように「花粉をめしべの先に付けた場合と付けない場合で実のでき方を比較しながら」という指示がなくなり、「花にはおしべやめしべなどがあり、花粉がめしべの先に付くとめしべのもとが実になり、実の中に種子ができる」という簡単な表現に変わった。

　そうしたことを考えると、無理に「受粉実験」にこだわってわかりにくい学習の順序にすることよりも、受粉の事実はビデオ教材などを使うなどして教え、「花のつくり」「花から実へ」「種子の発芽」「発芽した後の植物の成長」という学習の流れを考えたほうが、子どもにとっても理解しやすい。

　なお、「花のつくり」については学習指導要領が「おしべ、めしべ、がく及び花びらを扱うこと」となっているので、多くの教科書が「めしべの元の部分が実になる」という書き方をしているなかで、以前は「発展」欄などで「めしべの根もとには子ぼうという部分があります。子ぼうはふくらんで実になります」と「しぼう」（子房）という言葉を紹介している教科書もあった。植物にとって花は実（種子）をつくって子孫を残す繁殖器官であり、そのなかでも「子房」は動物でいう「子宮」と同じように、「子どもがいる所」という意味で大切な言葉である。だから、実（種子）ができる部分である「子房」という名前はきちんと教えるようにしたい。

　また、発芽する条件や成長する条件を調べる学習では、「解説」が「水や空気の条

件を一定にして、温度の条件を変えるなど、水、空気及び温度といった条件を制御しながら、種子が発芽するために必要な環境条件を調べる」「日光や肥料などの環境条件が適した場合とそうでない場合を設定するなど、条件を制御しながら植物が成長するのに必要な環境条件を調べる」とあるので、どの教科書も実験の条件の整理や表を作ることなど「条件制御」の学習に多くのページを費やす内容になっている。つまり、「種子が発芽するために、水は必要なのだろうか」「植物の成長に肥料が関係するのだろうか」といった問題を設定して、それを確かめるために「水ありと水なし」「肥料ありと肥料なし」と条件整理をして実験させ、「種子が発芽するためには水が必要」「肥料をあたえた植物がじょうぶに育つ」といったまとめをしている。しかし、低学年から植物を育てる経験をしてきている子どもたちにとっては、「種子を発芽させるためには水やりが必要」とか「肥料をやった方がよく育つ」などといったことは経験的にわかりきったことである。そのことを調べるために、わざわざ手間のかかる学習をさせるために多くの時間を費やす必要はない。

　むしろ、植物がなぜあんなにたくさんの種子をつくっているのかそのわけを考え、子孫を残すための「繁殖」という視点から植物を見ていくことのほうが大事な内容である。厳しい自然条件の中でたくさんの種子のほとんどは水に流されたり虫に食べられたりして、ほんのわずかの限られた条件にあったものだけが発芽できるのである。教科書にある「種子が発芽する条件」もそういう視点で見たときに、はじめて学ぶ意味をもってくるのである。

２．魚のたんじょう、ヒトのたんじょうの学習

　５年生の動物学習では、どの教科書にも「魚のたんじょう」と「ヒトのたんじょう」という単元がある。「魚のたんじょう」は、「メダカのおすとめす」の見分け方、産卵後の卵の変化の観察といった流れになっている。また、「ヒトのたんじょう」の方は、母体内での胎児の成長の写真や図、子宮、羊水、たいばん、へそのおなどの言葉が載っている。

　ただ、メダカについては「めすがうんだ卵が、おすが出した精子と結びつくと、生命がたんじょうして卵は成長を始めます。卵と精子が結びつくことを受精といい、受精した卵のことを受精卵といいます」と産卵や受精の様子が写真で比較的ていねいに説明してあるのに比べて、ヒトについては精子と卵からどうやって受精卵ができるのかという学習はほとんどなくて、受精した後の卵から始まる展開になっている。それは、「解説」が「人の卵と精子が受精に至る過程については取り扱わないものとする」と指示しているためである。

また、ほとんどの教科書はこの２つの単元を別々の時期に扱うようになっているが、動物がどのように子孫を残しているかという種族維持の視点から見れば、メダカも含めた動物一般の誕生の学習につなげてヒトの誕生の学習を行うほうが、子どもたちにとっても理解しやすい。メダカも含めた動物がどのように子孫を残すしくみになっているかを学習したあと、ヒトの誕生の学習を進めるというひとつながりの学習にしたい。

なお、植物の学習でも述べたように、魚などがなぜあんなにたくさんの卵をうむのか、ヒトのようなほ乳動物が少なく子どもをうんでも子孫を残せるのはなぜかという「繁殖」のしくみは、自然界の中で動物がどのように子孫を残しているかを考えるうえで大切なことであり、ぜひ加えたい学習である。

３．もののとけ方の学習

教科書の「もののとけ方」の単元は、どれも最初のページで食塩のつぶが水の中を落ちていく間に水に溶けて見えなくなる様子を写真で示して、「物が水に溶けるとはどういうことか」をとらえさせようとしている。そして、食塩や砂糖などを水に溶かしてできたものを「水溶液」とよぶこと、食塩水の重さは水と食塩の重さを加えたものと等しいこと、食塩などが一定量の水に溶ける量には限界があること、食塩やミョウバンを使って温度による水に溶ける量の変化、溶けたものを取り出すことなどを学習するようになっている。

もう少し詳しく見ると、まず水溶液の重さを調べて食塩が水に溶けて見えなくなっても保存されていること（溶解の保存性）をとらえさせ、その後、きまった量の水に食塩やミョウバンが溶ける量は限りがあること（溶解の限界）を調べるという流れはどの教科書も共通している。理屈から言えば、食塩が水に溶けて見えなくなってもなくなってしまったわけではなく保存されているから、食塩はいくらでも溶けるわけではなく限界があるというこのストーリーは子どもの理解のし方に合っていて理解しやすい。

また、今度の学習指導要領改訂でこれまで中学にあった「水溶液の中では、溶けている物が均一に広がること」という内容が移行してきたため、食塩が水に溶けたときの様子を「つぶ」を使った想像図で書かせたり、水のなかを食塩やコーヒーシュガーのつぶが小さくなって広がっていく図を載せて、物が水に溶けると目には見えないほど小さなつぶになって拡散するというイメージを載せる教科書が多くなった。

このように、「もののとけ方」の学習では、「水溶液は透明になる」「一度溶けた物は水と分離しない」「溶けた物は見えなくなっても保存される」「均一に広がる」「物が水に溶ける量は限界がある」といったことを柱に、「物が水に溶けるとはどういうこと

か」をきちんととらえさせたい。

　なお、この単元でも「解説」で「物が水に溶ける量や様子に着目して、水の温度や量などの条件を制御しながら、物の溶け方の規則性を調べる」と指示しているので、水の量を変えた時の溶ける量の違い、水の温度を変えた時の溶ける量の違いといった実験手順を考えさせ、実験データを表にまとめるという内容になっている教科書が多い。植物学習のところでもふれたが、「水の量を多くするほど溶ける食塩の量も多くなる」というような生活経験で良く知っていることを導き出すためにわざわざ複雑な実験データをとり、表にまとめるような学習は、子どもたちにとって魅力のない学習にしてしまうおそれがある。

4．電磁石の学習

　教科書の単元名は「電流がうみ出す力」「電流のはたらき」「電磁石の性質」「電流と電磁石」などさまざまな表現になっており、それぞれニュアンスの違いが感じられる。

　教科書では、初めにいろいろな電磁石を使った道具を紹介して、電磁石とはどういうものかを見せようとしているが、なかには実験用の強力電磁石を使って子どもたちに磁石のはたらきを体感させることを意図したものもあり、こうした活動は大事にしたい。

　簡単な電磁石作りから始めて、電磁石の極を調べ、電磁石が鉄を引きつける力（磁石のはたらき）を大きくするための条件を考え実験で確かめるという流れはどの教科書も同じである。初めの電磁石作りも鉄くぎをストローに通してエナメル線を巻くというものやエナメル線のかわりにビニル被覆線を使っているもの、鉄くぎのかわりにボルトとナットを使っているものなど、教科書によって材料の工夫の違いが見られる。

　電磁石を使ったおもちゃ作りはどの教科書でもとりあげ、魚つりゲームやクレーンゲーム、コイルモーター、ブザーなどいろいろ紹介されているが、子どもたちにとって複雑な原理のものではなく、電磁石のはたらきが直接わかるしくみの工作を選ぶようにしたい。

　なお、ここでも「解説」が「電流の大きさやコイルの巻き数などに着目して、これらの条件を制御しながら、電流がつくる磁力を調べる」と指示しているので、「変える条件」「変えない条件」を考えさせ、実験データを表やグラフに表したりする活動に教科書は多くのページを費やしている。しかし、こんな作業をしなくても、乾電池の数を増やしたりエナメル線をたくさん巻けば強力な磁石になるということは十分にとらえられる。

５．流れる水のはたらきの学習

　今度の学習指導要領で「自然災害についても触れること」という内容が加わったので、どの教科書も洪水災害などの学習と関連づけてこの単元を学ぶように位置づけているのは、意味のある構成である。

　内容を見ると、校庭を流れる雨水の観察から浸食・運搬・堆積作用をとらえさせ、実際の川の上流や中流・下流の写真を見ながら川原の石の様子と大雨の前後の様子の違いを比べ、人工的につくった山を使った流水実験をするという流れの教科書がある。それにたいして、地面を流れる水の観察と流水実験で浸食・運搬・堆積作用を学び、実際の川の観察をして上流・中流・下流の様子と地形との関係を調べ、最後に災害を防ぐための工夫を考えるという構成の教科書もある。

　多くの教師からこの単元が扱いにくい理由の１つとしてあげられるのが、流水実験である。人工的な山や流水実験器を使ったモデル実験では苦労するわりにはなかなか明瞭な結果が出てこないし、実際の川で起きている現象をスケールの小さなモデル実験だけで説明しようとすることに難しさがある。その点から言えば、川が山地で深いＶ字谷をつくり、平地に広い平野をつくるという地形との関係にふれた写真などを使って、授業をふくらませたいものである。また、洪水の前後の川の様子などは、実際に見ることがない場合が多いから、教科書にある写真は資料として活用したい。

　５年生の社会科学習では「国土の位置、地形や気候の概要」を学ぶので、地形をつくる川として平野、山地などとの関連が見える学習にしたい。

６．天気の変化の学習

　この単元も今度の学習指導要領で「自然災害についても触れること」が加わったので、どの教科書も「天気の変化」の単元で雲の様子と天気の関係や天気の変化のきまり、天気の予想を学習し、「台風」の学習で台風の発生・移動と災害を学習するという内容になっている。最近は気象災害が頻発しているから、子どもたちに天気の変化と気象災害に関心をもたせるこの学習は大切にしたい。

　一方で、「日本の天気はおおよそ西から東へとうつっていく」ことをとらえさせ「明日の天気を予想する」ために気象衛星からの雲画像やアメダスの情報を集めたりする学習は、子どもたちが接しているテレビやインターネット上にある情報自体がすでに天気予報を含んでいるわけだから、あまり学ぶ必然性のない学習になってしまう。

　そのことよりも、教科書にある資料などを使いながら、新聞やテレビなどにある天気図を読み取ることができるような学習にしたい。

7．ふりこの学習

　この単元も「解説」が「振り子の長さや振れ幅を一定にしておもりの重さを変える
など、変える条件と変えない条件を制御しながら実験を行う」とあるので、ふりこの
長さ、重さ、振れ幅をそれぞれ変えたときに1往復する時間がどうなるか、データを
記録して表にまとめる学習が中心になっている。それだけの学習で終わってしまうと、
子どもにとっては学ぶ意味もわからないまま、無味乾燥なデータ取りだけの学習にな
ってしまう。

　多くの教科書がガリレオの「ふりこの法則の発見」の話を紹介したり、ふりこ時計
やメトロノームなど、ふりこの等時性を利用した身のまわりの道具の話を載せている
が、そうしたことに目が広がっていく学習にしたい。

第 **3** 章
1時間の授業をどのように進めるか

教科書では

　子どもたちが使う教科書は、理科ではどんなことを学ぶかという学習する内容が書かれているのがふつうだったが、新しい教科書では「理科の学び方」というページが新しく設けられ、1時間1時間の授業の進め方や「話し合いのし方」「ノートの書き方」「発表のし方」などが細かく書かれるようになった。それは、今度の学習指導要領で「主体的・対話的で深い学び」が強調され、教師が一方的に知識を教え込む授業から、もっと子どもたち自身で意見を出し合い話し合って問題を追究していく授業に変えていこうというメッセージと考えていい。

　新聞に、「意見を出し合う授業がほしい」という高校生の投書が載った。「いま通っている高校の授業は、先生が黒板の前に立っていろいろ小難しい理論や定義を説明するというのが多い。はっきり言って退屈で、いつも寝てしまう。ぼくは勉強は嫌いではなかった。好きな科目もあった。けれど、受験のための詰め込み勉強、詰め込み授業で、ことごとく嫌になった。なぜ、こんなにたくさんの範囲を無理にこなそうとするのだろう。なぜ、みんなで意見を出して話し合っていくような授業をしないのだろう。せっかく1人ひとり考えの違う人間が40人もいるのに、その表現を出し合う場がほとんどない…」。

　子どもたちは、先生が黒板に書いたことをノートに写して覚えるという授業ではなく、みんなで意見を出し合い解決していくような授業をしたいと思っている。そうすれば授業で学んだことが、一方的に教えこまれた知識ではなく、自分たちの力で獲得したものという実感をともなったものになるからだ。私たちもそういう授業をめざしたい。

　そうした授業を実現するためには、何を大切にしたらいいだろうか。それは、文科省も「形式的に対話やグループ学習のような型を取り入れるのではなく」(2016年12月の学習指導要領改訂に向けた中央教育審議会答申)と繰り返し戒めているとおり、授業の「形式」ばかりを先行させるのではなく、「主体的・対話的で深い学び」の授業でどんな「内容」を子どもたち自身の力で学ぶことができたかということである。そして、何よりも大切なことは、子どもたちが思わず話したくなる、書きたくなるような

授業にしていくことであり、1時間の授業が終わったらこんな世界が広がった、こんな新しいことが見えてきたという充実感を子どもたちが自覚できる授業にすることである。

私の授業づくり

(1) 授業計画をつくる

　私は、理科の授業を「自然科学の基礎的な内容を子ども集団自らの力で獲得すること」と考えている。そういう授業を実現するために、次のことを大切にしたい。

1) 自然科学のもっとも基本となる事実や概念・法則を子どもたちに獲得させる。そのためには、断片的な事柄をばらばらにとらえるのではなく、つながりをもってとらえられるように、ぎりぎり絞り込んだ「これだけの内容をこういう順序で教えたい」という体系を明らかにする。

2) みんなと学び合い高め合う喜びを、授業のなかで大切にする。「子どもたちが主体的に学ぶ力」ということは、子ども個人個人のとりくみ方だけではなく、子ども集団のなかにどう育てるかという課題がますます重要になっている。みんなで1つの共通した課題にとりくみながら、友だちの考え方ややり方に学ぶ授業をつくりだすことである。

(2)「もののとけ方」の授業から

　具体的な例を「もののとけ方」の授業を例に紹介したい。

① 〔単元の目標〕その単元で子どもたちにとらえさせたい内容を、ぎりぎり「これだけは」というものにしぼりこむ。限られた授業時間数のなかで、何が大切な内容なのかをしぼるということは、その単元の目標を鮮明にしていくことになる。

　「もののとけ方」の単元の目標は、「①物が水に溶けると、水溶液は透明になる。②水に溶けた物は見えなくなっても保存されている。③水に溶けた物は、水溶液の中に一様に広がっている。④水に溶ける量には限度があり、その量は物によってちがう。⑤水に溶けない物でも、水以外の液体に溶ける物がある」という5つの柱にした。この単元の学習全体を通して、この目標に子どもたちが接近できるように考えたいのである。

② 〔教材づくり〕目標はしぼりこむが、授業でとりあげる教材はできるだけゆたかに準備する。教科書の多くは、1つ2つの実験からたくさんの「まとめ」を引き出そうとしているが、そうではなくて、1つの概念や法則を教えるために、できるだけ

ゆたかな教材を準備する。それが学んだ「知識」を文字面だけの枯れたものではなく、具体的な事実に裏づけられたものにしていくのである。

　「物が水に溶けると、水溶液は透明になる」を教えるためには、「砂糖を水に溶かしてみよう」「2つの白い粉（食塩と炭酸カルシウム）はどちらも水に溶けたと言えるだろうか」で、ものが水に溶けると無色透明の液になる事実を見せるだけでなく、「茶色の粉（植物染色剤とベンガラ）は水に溶けたと言えるだろうか」で有色透明の液になることも学ぶようにするなど、さまざまな教材を扱いながら「物が水に溶けると、水溶液は透明になる」という目標に迫っていくのである。

③　〔指導計画づくり〕子どもたちがそれ以前に学んだ知識や体験などをもとに次の課題にとりくめるような授業の配列を考えることを大切にしたい。1時間の授業はけっしてその1時間だけで存在するのではなく、それ以前の授業で子どもたちがどういうことを学んできたかを考えながら進められなければならない。そうした授業の連続性を考えた指導計画をつくりたい。「食塩が水に溶けると、その水溶液は透明になる」ことを学んだ子どもたちに、「水に溶けた食塩は、水の中で見えなくなってしまったけれど、なくなってしまったのだろうか」という質問は自然な内容である。そういう課題の連続性を考えることは、子どもたちが自分たちの力で解決できる学習にするために大切なことである。

④　〔課題づくり〕それぞれの1時間の授業は、教師が提示した「課題」を話し合うことから始める。「課題」は、その1時間の授業で教師が子どもたちにとらえさせたいと考える内容を「主発問」の形で文章化したものである。だから、「こういう課題を出したら、それまでの子どものもっている知識や経験でこんな話し合いができそうだ」ということを考えてつくる。「水に溶けた食塩は、水の中で見えなくなってしまったけれど、なくなってしまったのだろうか」という「課題」を子どもたちに示したら、「食塩水をなめてみるとしょっぱい味がする」「食塩水を熱してみると水が蒸発して食塩が出てくる」といった予想は子どもたちから自然と出てくるだろうという見通しで出すのである。そして、「水に溶けた食塩は、水の中で見えなくなってしまったけれど、なくなっていない」ということが事実で確かめられたら、それは「水に溶けた物は見えなくなっても保存されている」という「溶解の保存性」を確かなものにする。そういう「課題」の順序を考えることも教師の大切な仕事である。

（3）1時間の授業の流れ

　1時間1時間の授業を実際にどう進めるか、ここでは「水に溶けた物は見えなくなっても保存されている」ことをとらえさせる1時間の授業を例に紹介したい。

① 〈課題を出す〉理科という教科は、実験するにしろ観察するにしろ、目の前の具体的な物や事実で考えを進めることができるという特色がある。だから、課題を示すときも、ただ教師が言葉で発問したり課題の文章を板書するだけというやり方ではなくて、できるだけ実験装置などの実物を見せながら課題を出すとか、そこで何を問うているのかが子どもたちに伝わるような具体的な課題提示の方法を工夫したい。

　私の授業では、子どもたちが見ている前で、まず台ばかりを教卓の上に置き、500mL のビーカーを台ばかりの上に置く。ビーカーに水を入れて、台ばかりの目盛りが 500g を指したところでやめる。その後、100g の食塩をはかりとって、ビーカーの水の中に入れてかき混ぜる。食塩のつぶが見えなくなったところで、次の課題を出す。

　「課題　500g の水に 100g の食塩を溶かしたら、食塩は全部水に溶けて見えなくなってしまった。食塩はなくなってしまったのだろうか。」

　そして、教師が何を聞いているのかがきちんと子どもたちに伝わっているか、課題についての質問はないか、確かめることも気を使いたい。

注：第 5 章に述べる個々の授業内容を見ると、「課題」には 2 通りあることがわかる。多くは「…だろうか」と質問の形で出されるものである。この「食塩はなくなってしまったのだろうか」という課題などがそれである。この場合は、その質問にたいしての「自分の考え」をノートに書かせて話し合うという流れになる。

　それにたいして、「調べてみよう」「やってみよう」という「課題」もある。「アジの体の中には、精巣や卵巣がどこにあるか、解剖して調べてみよう」とか「鉄くぎとエナメル線を使って、電磁石を作ってみよう」とかいうものである。この場合は、最初から解剖したり工作したりする「課題」だから、「自分の考え」を書いたり話し合ったりということはなしに直接実験・観察や工作などの作業に入っていくという流れになる。

② 〈自分の考えを書く〉子どもたちは「課題」にたいしての自分の予想をノートに自分の言葉で文章で書く。よく「予想」というと「食塩はなくなっている」「なくなっていない」のような無味乾燥な短文が多いが、そうではなくて、どうしてそう考えたのか、その根拠をそれまでの自分の経験を綴ったり、以前の授業で獲得した知識を展開したり、考えたことを自由に書かせたりしたい。だから、ただ「なくなっている」「なくなっていない」といった「予想」ではなく、「自分の考え」としたいのである。

　私の授業で子どもたちがノートに書いた「自分の考え」をいくつか紹介する。

100g の食塩を水にとかして見えなくなった。だから、私は、水にとけて姿はなくなったと思う。それに、水の色も変わった。だから、とけてなくなったと思う。

私はなくなったと思います。それは、とけているから、ただの水だったのが白くなっているから、なくなったと思います。

なくなったと思う。なぜなら、水の色が少ししかにごってないし、500g と 100g じゃかきまぜればすぐになくなると思う。

食塩は水にとけてなくなったと思う。それは、前にベンガラでやった時、試験管に入れてまぜたらそのまま消えなかった。だから、食塩は水にとけて消えてしまったと思う。

ぼくは、食塩は水にとけてなくなったんだと思う。この前やった時は、とけたものをかきまぜている時にたまっていたのに、なくなったからそう思う。もし、なくなっていないなら、水はとう明にならない。

一方で「なくなっていない」と考える子たちは次のように書いた。

ぼくの意見は、食塩はなくなっていないと思う。その理由は、じっさい味があると思うから、食塩は見えないけど、そのものはあると思います。

私は、なくなっていないと思います。それは、海の水は塩が入っています。でも、いつもその塩はあります。何日たっても、海の水は塩水です。だから、ビーカーの中の水は、まだ塩が残っていると思います。色がなくなってしまっても、まだビーカーの中に残っていると思います。

なくなっていないと思う。そのわけは、塩を入れてとけたとしても、塩を取らないかぎりなくなったとは言えないと思います。

私は、食塩はなくなっていないと思います。どうしてかと言うと、海の水も同じ塩水で、海の水をずっと火で熱していれば、塩だけ残るから、この塩水もずっと熱していれば、塩は出てくると思います。

ぼくは、なくなっていないと思う。かぜをひいた時、水に塩を入れてかきまわしてうがいをすると、塩の味がまだ残っているから、だからなくなっていないと思う。

　私はたぶんなくなっていないと思う。ただ肉眼で見えないだけだと思う。理由は、2学期のころにお父さんと資料集を見ていたら、けんびきょうでも見えないくらいの小さなつぶになると書いてあったような気がするからです。

　私は、なくなってはいないと思う。理由は、ビーカーに食塩を入れてとけたのだから、食塩は水といっしょになってしまったと思う。だから、ビーカーの中には食塩が見えなくなっても、食塩はなくなっていないと思います。

　ここでは、「自分の言葉で書く」というのがとても大切なことで、子どもたちはそれまで学んだことや見聞きしたことなどを根拠に、自分の意見が友だちに伝わるようにまとめる。だから、単に「なくなっている」「なくなっていない」よりももっと説得力ある書き方をしようとしていることがわかる。こうした書き方について、「『自分の考え』だから、自分が考えたことが自由に書けて良かった」と言った子どもがいた。

③　〈話し合う〉子どもたちの意見がはっきり対立するような場合は、話し合いに先立ってどういう意見があるのか、黒板に整理してやって、それぞれの意見が何人いるかを挙手によって調べる。この課題でいえば、「なくなっている」「なくなっていない」の2つの意見に分かれるので、それぞれの意見の子どもが何人いるか、挙手で確かめてその人数を板書する。なかには「見当がつかない」という子どももいる。なんとなく「わからない」ではなく「こうとも考えられるし、こんな考えもできるので見当がつかない」という考えだから、それもだいじに認めて人数を数えたい。

　そのうえで、話し合いに入る。子どもたちはすでに「自分の考え」をノートにまとめてあるわけだから、発言もしやすい。教師も子どもたちが「自分の考え」を書いている時間にノートを見て回って、どの子がどんな考えをしているかをおおまかにつかんでおいて、対立的な意見がある場合はどの子とどの子を指名したらいいか、話し合いをしくむこともできる。

　この授業では、②に書いたような意見をお互いに出し合った後、「聞いていて、他の人に言いたいってことありますか」と促したら、次のようなやりとりがあった。

　「『なくなった』という人に質問なんですけど、じゃあ、その食塩はどこに行ったんですか？」「だから、それは溶けちゃった。」「溶けてなくなったということは、味もなくなったということなんですか。」「溶けたから味があるんだと思う。」「味があるからって食塩はあるんですか。」「最初はふつうの水なんだから、食塩がないと味

もないと思う。」

④ 〈人の意見を聞いてを書く〉上のようなやりとりを聞きながら、「そういう考えもあったのか」と気がついて、最初の意見を変更したいという子も出てくる。また、自分とは違う意見を聞きながら、もう一度自分の考えをよりみんなに賛同してもらえるように意見をまとめる子もいる。そういう「反応し合う」子どもたちを育てるためにも、「人の意見を聞いて」を書く時間をとりたい。

　ここで意見を変更する子の人数を挙手によって聞いて、板書してあった初めの意見分布を修正する。また、意見を変更した子のノートを何人か読んでもらう。この授業では、次のようなことを読んだ子がいた。「私は意見を変えて、なくなっていないという意見にします。それは、溶けて見えなくなったのは確かだけど、なくなっていないから塩の味がすると思います。」

⑤ 〈実験や観察で確かめる〉子どもたちの意見を実際に確かめるためにどんな実験をしたらいいかを聞くと、「味をみてしょっぱいかどうか確かめる」という意見と「食塩水を火で熱して水を蒸発させると、食塩のつぶが出てくるかどうか確かめる」という意見がすぐに出てきた。初めの「課題」にたいするこれまでの話し合いが十分にされていると、どんな事実で確かめればいいかという確かめ方も子どもたちから自然と出てくる。

　ところで、理科の教科書を見ると、ほとんどの実験が児童実験として載っているので、一般的に「理科の授業は子どもが実験をする時間」といった思いこみさえある。しかし、子どもたちはそれまでの話し合いによって、この課題では何が明らかになればいいかをつかんでおり、それを事実で確かめたいと考えているわけだから、多くの場合教師実験で子どもたちは納得する。

　なかには、正確な方法が要求される実験まで子どもたちにやらせてバラバラな実験結果になってしまい、「本当はこういう結果になるはず」と教師が説明しなければならなくなるという失敗は避けたい。つまり、実験結果の正確さが求められる場合や実験器具や薬品などの扱いに注意が必要な場合は教師実験で、子どもたちに事実をよく見せたいときや実験道具の扱い方を体験させたい場合などは児童実験で行う。そういう区別をしたい。

　この課題でいえば、「味をみる」「食塩水を蒸発させる」というどちらも子どもたちで簡単にできる実験なので、児童実験にする。とくに、「食塩水を蒸発させる」実験では、蒸発皿で食塩水を蒸発させる方法だけではなく、金属スプーンに少量の食塩水溶液をスポイト

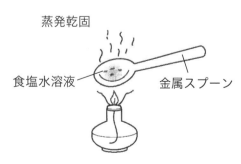

蒸発乾固

食塩水溶液　　金属スプーン

でとって下からアルコールランプであぶると水が蒸発してすぐに白い食塩のつぶが現れてくる方法を教えたい。そして、このような方法を「蒸発乾固」ということも教えながら、子どもたち全員に体験させたい。

　　なお、星や地形の学習などのように、理科室の実験で決着することが難しい場合は、ビデオ教材を見せるなど、映像で事実を示す場合もあることも知っておきたい。

⑥　〈実験したこと・確かになったこと〉をノートに書く。

　　授業のまとめを教師が板書することはしない。子どもたちはその1時間の事実を思い起こしながら、ノートに自分の言葉でまとめる。そうすることで、子どもたちがどう認識したのか、この授業でねらったことが達成できたのかが教師も知ることができる。教師が板書したまとめを子どもたちがノートに写すというやり方では、そうしたことはわからない。子どものノートはそのまま1時間1時間の授業の記録であり、授業の評価は子どもたちが書いたノートを見ればわかる。

　　なお、「まとめ」とか「結果」とかではなく、「実験したこと・確かになったこと」としたのは、ただ抽象的、観念的に「わかったこと」を書くのではなく、実験した事実を1つひとつ思い起こしてそれを書くこと、その事実の結果としてどういうことが自分として確かになったのか、それを自由に書かせたいからである。

　　この時間の子どもたちが書いた「実験したこと・確かになったこと」を紹介する。

　　食塩はなくなっていなかった。なめてみたら、しょっぱくて、スプーンに食塩をとかした液をのっけてアルコールランプで蒸発かん固をやってみたら、海の水と同じで、塩が出てきた。だから、水の中に食塩をとかして見えなくなっても、なくなっていないことがわかった。

　　実験の結果は、予想したとおりで、食塩はなくなっていなかった。食塩はただ見えなくなっていて、なくなったわけじゃなかったです。それから、食塩がなくなっていないとわかったのは、まずスポイトで水の中に食塩を入れたものをスプーンにのせ、それをアルコールランプの火であぶったら、どんどん水が固まりはじめました。そして、それをさめてからなめたら、本物のすごくしょっぱい食塩でした。このやり方を、蒸発かん固というそうです。

---

⑦　「つけたし」など

　　一般的には⑥の〈実験したこと・確かになったこと〉を何人か読ませて、1時間の授業を終わるが、授業の内容によっては、このあと「つけたし」を行うこともある。

この授業では、初めの「自分の考え」で次のような意見をノートに書いた子どもがいた。

私はなくなっていないと思います。水の 500g と食塩の 100g を合わせれば 600g になる。なくなっているか、なくなっていないかでわからなかった時は、はかりにのせると 600g になるから、なくなっていないと思う。食塩の姿は見えなくなって消えていても、食塩そのものはなくなっていないと思います。それに、海の水はのんでしまったり、なめたりすると、しょっぱいのに、食塩の姿は見えない。だから、なくなっていないという意見にしました。

つまり、食塩は水に溶けて見えなくなってしまったけれど、重さを調べれば溶けた食塩の重さの分だけ増えているだろうという考えである。

こうした子どもの考えは大事だと思い、次の時間にさっそくこのノートを読んでから、もう1度ビーカーに水を入れて300gにして、これに砂糖を30g入れて溶かしたら、砂糖水溶液の重さは何gになると思うか、聞いてみた。その結果は、次のとおり。

300g になると思う 2人
320g になると思う 15人
330g になると思う 18人
340g になると思う 1人

そう考えた根拠を聞いてみると、次のような意見が出された。

砂糖は水にとけて見えなくなったから、300g だと思う。

砂糖を 30g 入れたのだから重さは増えるけれど、全部残るわけではないから320gになると思う。

砂糖が見えなくなってもそのまま水の中に残っているのだから、330gぴったりになると思う。

砂糖を水に入れると、水がしみこんで重くなるような気がするから、340gになると思う。

大人が考えると、300gの水に30gの砂糖を入れて溶かしたのだから330gになるだろうと単純に考えるが、子どもたちはそうではない。そこで、砂糖水溶液を入れたビーカーの重さを量ってみる。上皿天びんの上にビーカーをのせ、分銅をのせていく。どういう実験結果になるか、子どもたちはかたずを飲んで見ていることになる。それまでの話し合いでこの1時間の課題がどれほど深まったかが、この一瞬に凝縮されるといえるだろう。それだけに、実験の結果で明らかになったことが子どもたちには印象深く残る。

　このときの〈実験したこと・確かになったこと〉に書いた子どものノートを紹介する。

> 　ビーカーと水の量を300gにして、さとうの重さを30gにしました。30gのさとうをビーカーの水に入れて、さとう水よう液にしました。上皿てんびんではかったら、330gになりました。ビーカーと水を入れてはかって300g、さとう30gなので、合わせて330gでぴったりでした。だから、結果はぴったりです。水にさとうを入れても重さは変わらないということは、さとうのつぶは1つもなくなっていないということがわかりました。

　この1時間の授業のねらいは、「水に溶けた物は見えなくなっても保存されている」ということだった。なめてみて味は残っていた。蒸発乾固して見えなくなった砂糖のつぶが再び現れて、なくなっていないことがわかった。それでも、重さがどうなのか聞いてみると、子どもたちは単純に330gになるとは考えていない。だから、改めてそのことを実験して確かめてみると、1gも違わずぴったり330gになって「さとうのつぶは1つもなくなっていない」ことが確かになったというのである。このように、子どものノートのなかには大事な授業をつくるきっかけになる場合もある。

(4) 子どもが書き綴ること

　子どもが自分で考えたこと、とらえたことを自分の言葉でノートに書き綴るという活動を、これらの授業では重視している。大人でもそうだが、「話し言葉」と違って「書き言葉」で表現することは、自分の考えやとらえた事実を頭のなかでもう一度整理し、他人にもわかるように伝えようとするから、論理をみがき、自分がとらえた認識を明確にすることになる。また、教師にとっても、それぞれの子どもが何を考えているかを、授業中にノートをのぞいていくことでリアルタイムで知ることができる。そして、授業の評価もこうした文章を読むことで可能になる。

　初めのうちはなかなか書けない子どももいるが、毎時間1つの授業スタイルを続け

ることでだんだん書けるようになってくるものである。授業のなかでノートを読み合うことで、こんなふうに書けばいいということがだんだんわかってくるし、できれば学級通信などで子どもの書いたものを紹介できたら子どもたちの励みにもなる。それが子どもたちの充実感をうむ授業にもなっていく。自分のノートが理科の授業の大切な記録になっていることを自覚できたら、子どもたちにとってもこんなに嬉しいことはない。

　子どもたちに書き綴らせる授業では、教師があらかじめ印刷したワークシートを配ってそこに書かせる授業を見かけるが、なるべくそれは避けたい。市販されているふつうの方眼ノートを使わせたい。

　ワークシートは授業の後で教師が持ち運びするには便利だが、子どもにとってはあらかじめ書くスペースが限られているので、授業内容が充実したものであればなおさら書きにくいものである。だんだん慣れてくると、子どもたちは１時間の授業で１ページ、２ページと書くようになる。そのためにも、スペースを気にしないで自由に書けるノートを使わせたいのである。また、ノートに書いてある場合、以前の授業でどんな学習をしたか自分で授業中にふり返ることもできるし、なにより１冊のノートは大事な授業の記録として貴重な「作品」である。そういう世界に１つしかない自分のノートを作らせたい。

第 **4** 章
年間指導計画はこうしたい

年間指導計画について

　次ページから載せた年間指導計画では、教科書単元も考慮に入れながら、第1章に述べたこれだけは大事にしたいという内容（「植物の発芽と成長」「魚のたんじょう」「電磁石のはたらき」「もののとけ方」）に多くの時間をかけた。

　5年生では学習指導要領で「条件を制御しながら調べる活動」を強調しているので、教科書も実験の「変える条件」「変えない条件」を考えさせデータを記録する活動に多くのページをさいている。しかし、それ以前に子どもたちにとって本当に学びたくなる中身は何かを考え、大事にしたいことは充分に時間をかけ、逆に教科書に載っていてもそんなに時間をかける必要がないものは軽く扱うという、全体を見通した計画づくりが必要である。

　また、「植物の発芽と成長」「魚のたんじょう」「ヒトのたんじょう」のような学習はつながりをもって学習するように、単元の配列を考えたい。「流れる水のはたらき」「天気の変化と台風」のような地学関係の学習は社会科と関連させて学習できるといい。この年間指導計画案は、そういう検討をしながら作成したものである。

　また、実際に授業を進めるうえで、授業時間数をどう確保するかは大切な問題である。教科書は、どれも年間85〜105時間前後を想定して作られている。いわゆる5年の理科の標準時数は105時間だから、多くの教科書はその9割前後の時間数で授業を終わろうという考えのようである。

　ここに紹介した計画は、合計88時間で作ってある。ぎりぎりしぼりこんだこれだけの内容を授業にしていくために必要な時間数であり、この時間はできるだけ削らないという考えからである。しかし、実際には行事等に使われて授業時間を確保することが難しい学校現場の状況もあるので、その場合は、「総合的な学習の時間」を活用するなどの工夫も必要である。

　以前は理科の教科書が上巻・下巻に分かれていたこともあったが、現在はどの会社の教科書も年間1冊にまとめられた。それは、年間を見通して単元の入れ替えなどの工夫がはかれるようにという配慮からである。ここに示した年間指導計画も参考にしながら、子どもや学校の実情に合わせて、わかりやすい計画を組めるといい。

5年理科　年間指導計画案（88 時間）

月	単元名（時間）	学習活動の内容
4	1　植物の発芽と成長 （15 時間）	(1)　生物と無生物 (2)　植物のからだ (3)（4）アブラナの花と実 (5)　受粉 (6)　め花とお花 (7)　チューリップの花 (8)（9）イネやトウモロコシの花 (10)（11）タンポポの種子の数 (12)　種子の散布 (13)　種子のしくみと栄養 (14)　種子の発芽条件 (15)　発芽に適した温度
5		
6	2　魚のたんじょう （14 時間）	(1)　親なし子はいない (2)（3）サケの受精 (4)（5）魚の生殖器官 (6)　カエルの生殖器官と受精 (7)　ニワトリの卵のつくり (8)　ニワトリの交尾 (9)（10）ウマの生殖器官と交尾・受精 (11)　タラコの卵数え (12)　魚の産卵数 (13)　魚の産卵数と親の生活 (14)　ほ乳動物の子どもの数と生活
7	3　ヒトのたんじょう （5 時間）	(1)　わたしたちの成長 (2)　ヒトの体の器官 (3)　ヒトの生殖器官 (4)　ヒトの受精 (5)　胎児の成長と誕生

月	単元名（時間）	学習活動の内容
9	4　天気の変化と台風 （9 時間）	(1) 雲をつくるもの (2) 雲ができやすい温度 (3) 雲ができやすい場所 (4) 天気図・気象データ (5) 高気圧や低気圧が進む向き (6) 明日の天気調べ (7) 台風ができやすい場所 (8) 台風ができやすい時期 (9) 台風の進路とその影響
10 11	5　流れる水のはたらき （11 時間）	(1) 土砂の粒度による分類 (2) 川のモデル実験 (3) 校庭に流れる川 (4) 日本の川調べ (5) 地域の地形と川 (6) 大雨時の川の様子 (7) 川岸にある巨れき (8) 川が土地を削ることでできる地形 (9) 川で運ばれるれきの変化 (10) 川が土砂を積もらせることでできる地形 (11) 海まで運ばれる土砂
	6　ふりこ　（5 時間）	(1) ふりこの振れ幅と振動数 (2) ふりこのおもりの重さと振動数 (3) ふりこの長さと振動数 (4) ばねやゴム管の振れ幅と振動数 (5) ゴム管の振動数と音
12	7　電磁石のはたらき （13 時間）	(1) 磁石のはたらき（復習） (2) 永久磁石と電磁石 (3) (4) 電磁石作り (5) 電磁石の極

月	単元名（時間）	学習活動の内容
		(6) 電磁石の N 極と S 極
		(7) 電流の向きと電磁石の極
		(8) 鉄芯を外したコイルと電流
		(9) 1本導線と電流
		(10) 回路の中の電流の大きさ
		(11) 電磁石のはたらきと電流の大きさ
		(12) 電磁石のはたらきと巻数
		(13) 電池チェッカー作り
1	8 もののとけ方 （16 時間）	(1) 角砂糖の溶け方
		(2) 水に入れた食塩とでんぷん
		(3) 水に入れたクエン酸鉄アンモニウムとベンガラ
		(4) 食塩の保存（蒸発乾固）
		(5) 食塩の保存（重さ）
2		(6) 溶液の均一性
		(7) 氷砂糖を細かくする
		(8) 食塩の飽和 1（溶ける限度）
		(9) 溶け残った食塩のろ過
		(10) 食塩の飽和2（飽和水溶液へ溶かす）
3		(11) 水酸化カルシウムの溶解度
		(12) ミョウバンの溶解度（水の体積による変化）
		(13) ミョウバンの溶解度（水の温度による変化）
		(14) ミョウバンの結晶作り
		(15) 水に溶ける物と溶けない物
		(16) アルコールに溶ける植物の色素

第 **5** 章
こんな授業にしたい

　この章では、それぞれの単元の授業を実際にどう進めたらいいかを紹介したい。

　まず、授業を考えるうえで一番大切なことは、1時間1時間の授業で子どもたちが「何を」学ぶかを教師がはっきりもつことである。それぞれの単元の初めに書いた「目標」や1時間1時間の「ねらい」がそれである。

　教師が授業の「目標」や「ねらい」をはっきりもたないまま進めた授業は、子どもたちのあれこれの発言や実験の結果をどう方向づけるかがはっきりしないものになり、子どもにとっても1時間の授業が終わって何を学んだかがわからないものになってしまう。

　逆に、「目標」や「ねらい」がはっきりした授業は、1時間1時間の授業が終わって「今日はこんな新しいことを知った」「今までできなかったことができるようになった」という充実感がもてるものになる。

　教師の教え込みではなく、子どもたちが自分自身で話し合いながら新しいことを発見していく授業では、教師が示す問いかけ（「課題」や「質問」）が授業の中身を左右する。その「課題」や「質問」にたいして子どもたちがそれまでに学んだ知識や経験を駆使して考えることができたら、学ぶことのおもしろさを実感できる。この章で述べる1時間1時間の「課題」や「質問」は、そうした考えのもとにつくられている。

　また、教師が示した「課題」や「質問」にたいして子どもたちが考えた意見は、実験・観察した事実で答えが明らかになる。それが理科の授業のおもしろさである。それだけに、実験・観察などの結果が子どもにもわかりやすいような教材を準備することが必要である。

　本書では、できるだけ一般の理科室で準備できる教材を紹介し、授業で使う図・写真や資料などは、本書にあるものをそのままコピーして使えるように配慮した。また、授業の参考になるような写真や動画をQRコードから読み取って電子黒板などに投影して使えるようにした。それぞれ学校の実情に合わせて活用していただきたい。

1．植物の発芽と成長

【目標】

花の中のおしべの花粉がめしべにつくと実（種子）になる。

植物はたくさんの種子をつくって子孫を残す。

【指導計画】 15 時間

（1）生物と無生物……………………………1 時間

（2）植物のからだ……………………………1 時間

（3）（4）アブラナの花と実 …………………2 時間

（5）受粉………………………………………1 時間

（6）め花とお花………………………………1 時間

（7）チューリップの花………………………1 時間

（8）（9）イネやトウモロコシの花 …………2 時間

（10）（11）タンポポの種子の数 ………………2 時間

（12）種子の散布 ……………………………1 時間

（13）種子のしくみと栄養 …………………1 時間

（14）種子の発芽条件 ………………………1 時間

（15）発芽に適した温度 ……………………1 時間

【学習の展開】

※各授業の「学習の展開」の「準備」に掲げた〈教師用〉は教師実験用に準備するもの、〈児童用〉は児童実験用に児童全員分準備するもの、〈グループ用〉はグループ実験用にグループごとに準備するものである。

第1時　生物と無生物

ねらい　自然界の物を大きく分けると生物と無生物になり、生物を分けると植物と動物になる。

展　開

①　植物学習に入る前に、自然界を概観し、これから学習する単元の位置をはっきりさせるために、次の課題を板書する。

課題① 次の物を 2 つに分けてみよう。どういう物とどういう物になるだろう。

ライオン、イワシ、スズメ、空気、タンポポ、石、水、サクラ、ハマグリ、塩、カエル、トンボ、マツ、ミミズ、砂、メダカ、イチゴ、鉄くぎ、紙、アブラナ、セミ、コンクリート、石油、石炭、ネズミ、イヌ、バラ、イネ

② 子どもたちと話し合いをしながら、まず生物（生き物）と無生物（生きていない物）とに分ける。

③ 「無生物にはなくて、生物だけにある性質は何だろう」と聞いて話し合い、出された意見を整理して次のように板書する。

> ・栄養をとる。
> ・息をする（呼吸する）。
> ・成長する。
> ・子孫を残す。
> ・いつかは死ぬ。

④ 「生物を 2 つに分けると、何と何になるだろう」と聞くと、「動物と植物」という分け方が子どもたちから出てくる。そこで、子どもたちと話し合いながら、②で分けた生物をさらに動物と植物に分ける。「動物＝ほ乳動物」と誤解して、イワシやトンボ、ミミズ、メダカ、セミなどの「虫や魚は動物ではない」と言う子どももいる。そのときは、「植物と動物のちがいは何か」を話し合って、「植物→自分では動かない。食べない」など、「動物→自分で動く。食べてふんをする」などおおまかな区別のし方を出し合って、分ける。結果は、次のように板書する。

> 　　　　　┌──動物…ライオン、イワシ、スズメ、ハマグリ、カエル、トンボ、
> 　　　┌生物┤　　　　　ミミズ、メダカ、セミ、ネズミ、イヌ
> 自然─┤　　└──植物…タンポポ、サクラ、マツ、イチゴ、アブラナ、バラ、イネ
> 　　　└無生物……空気、石、水、塩、砂、鉄くぎ、紙、コンクリート、石油、石炭

⑤ 〈調べたこと・確かになったこと〉をノートに書き、何人か発表させる。

第2時　植物のからだ

ねらい　アブラナのからだは、根、茎、葉（栄養器官）と
　　　　　花（繁殖器官）でできている。

準　備

グループ用　・根、茎、葉、花、実がついている1株のアブラナまたはショカッサイ※

児童用　・虫めがね　・ピンセット　・シャーレ

※アブラナは前年の秋に種子まきをして準備する。冬にコマツナの苗を植えてもいい。さらに間にあわ
　ない時は、チンゲンサイの食べ残した茎（食べるときに少しだけ葉を残しておく）をプランターなど
　に植えると非常に生長が早いので使える。

展　開

① 　アブラナをグループに1株ずつ配って、そ
　れを見せながら次の課題を出す。

課題②　アブラナの体を生きていくのに大事
　　　　な4つの部分に分けてみよう。

② 　〈自分の考え〉をノートに書いてから、話し
　合う。

・4つの部分というのだから、「根、茎、葉、花」
　だと思う。

・とんがっている部分は、茎の先ではないか。

・とんがっている部分は、実だと思う。

③ 　〈人の意見を聞いて〉をノートに書き、何人
　か発表させる。

④ 　「4つの部分に分けてみよう」というのだから、「実」
　をどうするかが問題になる。アブラナの1株を下の方
　から上まで順にたどっていくと、実の上の途中に花び
　らが枯れてくっついた実が見られる。さらに、その上
　は花になる。注意してみると、花びらに囲まれるよう
　に、実を小さくしたものが見つかる。そのことから、
　実は花からできたことが確かになるので、実は花にま
　とめることにして、「根、茎、葉、花（実）」とする。

⑤ 　実を1人1個ずつとって、ピンセットで中を分解
　してみると、小さな種子が並んでいることが確かめら
　れ、これが実であることが共通のものになる。

花が散り
はじめた

小さな実

大きな実

アブラナ

花（繁殖器官）

実

茎
葉　（栄養器官）
根

⑥ 「根、茎、葉は植物の栄養をとるところなので、栄養器官という。花は実（種子）をつくるところなので、繁殖器官という。これから、植物の花について学習する」と話す。

⑦ 〈観察したこと・確かになったこと〉をノートに書き、何人か発表させる。

ノートに書かせたいこと

　アブラナのからだは、根、くき、葉、花の4つの部分に分かれた。とんがっているところは、中に種子がはいっていたので、実だとわかった。実は花からできることが確かになった。

第3・4時　アブラナの花と実

ねらい　アブラナの花は、がく、花びら、おしべ、めしべでできていて、めしべが実（種子）になる。

準備

グループ用　・アブラナの1枝（またはショカッサイ、花と実がついているもの）
　　　　　　・カラスノエンドウの1枝（花と実がついているもの）

児童用　・虫めがね　・ピンセット
　　　　・カッターナイフ　・シャーレ

展開

① 「このまえ、アブラナの花から実ができることがわかった。では、花の中の何が実になるのだろう」と言って、次の課題を出す。

課題③　花の中の何が実（種子）になったのだろうか。花をていねいに分解して調べてみよう。

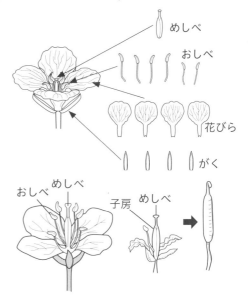

② 次の手順で進めるように指示する。

　ア）1つの花の全体をノートにスケッチする。

　イ）ピンセットを使って花の外側から分解して、とったものを同じものに分けて並べる。

　※ここで、「めしべ」「おしべ」「花びら」「がく」の名前を教える。

③ どれが実（種子）になったのか、話し合う。

・めしべの形が実に似ている。　・実をわってみると、中に緑色の種子があった。

・めしべの中にも種子のもとがあるか調べてみればいい。

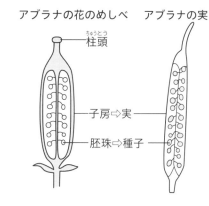

アブラナの花のめしべ　　アブラナの実

柱頭

子房⇨実

胚珠⇨種子

④　めしべの太い部分を「子房」(子どもが入っ
ている部屋と言う意味)ということを教えてか
ら、ここをカッターナイフとピンセットを使っ
て縦にわってみる。虫めがねで見ると、小さな
緑色のつぶつぶが入っていることがわかる。こ
の種子のもとのつぶつぶを「胚珠」ということ
を教え、右の図を板書する。

⑤　つけたしの観察　STEP UP!

カラスノエンドウを配って、カラスノエンドウ
の花と実(種子)の観察をさせる。

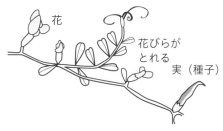

花

花びらが
とれる

実（種子）

・１枝の上の方から「花→花びらがとれて子房
が現れている→実(種子)」の順になっている
ことを見る。

・１つの花をピンセットを使って分解する。子房が実と同じ形をしていること、子房
を縦にわってみると胚珠があることを見る。

⑥〈観察したこと・確かになったこと〉をノートに書き、何人か発表させる。

ノートに書かせたいこと

アブラナの花を分解したら、花びら、めしべ、おしべ、がくがあった。めしべのも
と（子ぼう）が実とそっくりな形をしていて、切ってみたら中に種子のもと（はいし
ゅ）があった。カラスノエンドウの観察をしたら、同じように実と子ぼうが同じ形を
していて、中にはいしゅがあった。花の中の子ぼうが実になったことが確かになった。

第５時　受粉

ねらい　めしべにおしべの花粉がつくと、
子房が成長して実（種子）になる。

実らないで
かれためしべ

準　備

教師用　・茎の途中に結実していない子房がついてい
るアブラナ、またはショカッサイの１枝

・「変形しているイチゴの実」の写真
※『写真でわかる花と虫』
（江川多喜雄 著　子どもの未来社）のCD-Rより

児童用　・ツツジの花　・虫めがね　・顕微鏡
・「虫や風で運ばれる花粉」のプリント

① アブラナの1枝を見せて、次の課題を出す。

イチゴの花
めしべ　おしべ

課題④　**アブラナに、子房が実（種子）になって
いないものがある。なぜこのようになってしまっ
たのだろう。**

② 〈自分の考え〉をノートに書いてから、話し合う。

・栄養がそこだけ足りなかったのだと思う。

・日光があたらなかったからだと思う。

・そこだけ栄養がいかなかったり日光があたらない
　というのはおかしい。

・花粉がつかなかったからだと思う。

受粉しなかった所

変形したイチゴ

③ 〈人の意見を聞いて〉をノートに書き、何人か発
　表させる。

④ おしべの花粉がめしべの先につくことを「受粉」
　ということを教える。「変形しているイチゴの実」
　の写真を見せ、イチゴの花が受粉していない所がめしべが育たずに変形した実にな
　ってしまうことを話す。

⑤ アブラナやツツジの花を配って、めしべの先（柱頭）を虫めがねで観察し、花粉
　がつきやすいようにべとべとしている様子を見る。また、花粉をスライドグラスに
　とって顕微鏡観察をする。

⑥ 「花粉はどのようにして運ばれるのだろう」　と聞いて、話し合う。

・虫が飛んできて花粉をつけて運ぶ。

・風で飛ばされて運ばれる。

アブラナの花と実の写真

⑦ 「虫や風で運ばれる花粉」のプリントを配って読む（プリントはノートに貼らせる）。

虫や風で運ばれる花粉

よみもの

　アブラナの花にはハチやチョウなどが飛んできて、みつをすったり花粉を食べたりします。そ
の時、ハチやチョウの体に花粉がついて、別の花に飛んでいったとき、その花粉を他の花のめ
しべにつけて受粉させます。このように、虫が花粉の運び役になっている植物の花を「虫媒花（
ちゅうばいか）」といいます。タンポポ、レンゲ、サクラなどがそうです。

　ハチやチョウがみつをすいにこない植物もあります。昆虫から見て目立たない色やにおいも
少ないスギやマツの花などがその例です。それらの植物の花粉は風にふかれて運ばれ、他の花
のめしべに受粉するようになっています。これらを「風媒花（ふうばいか）」とよんでいます。

　自分で動けない植物は、虫や風が花粉を運んで受粉しているのです。

⑧ 〈観察したこと・確かになったこと〉をノートに書き、何人か発表させる。

ノートに書かせたいこと

　おしべの花粉がめしべにつかないと、実にならないことが確かになった。めしべの先（柱頭）はねばりやすく、花粉がつきやすいようになっていた。花粉は虫や風などに運ばれることがわかった。

第6時　め花とお花

ねらい　めしべだけをもつめ花とおしべだけをもつお花に分かれている植物があり、め花から実（種子）ができる。

準　備

教師用　・アオキの実と花の写真

※『写真でわかる花と虫』（江川多喜雄 著
　　子どもの未来社）の CD-R より

展　開

アオキの実

① アオキの実の写真を見せて、次の課題を出す。

課題⑤　アオキはどの木も春に花を咲かせる。しかし、次の年の春、赤い実をつける木とつけない木がある。これはどうしてだろう。

② 〈自分の考え〉をノートに書いてから、話し合う。

・受粉しなかった花が実にならなかったのだと思う。

・でも、1本も木の花全部が受粉しなかったというのもおかしいと思う。

・実になったのはめしべがある花で、実にならなかったのはおしべしかない花だと思う。

③ 〈人の意見を聞いて〉をノートに書き、何人か発表させる。

④ アオキのめ花と
お花の写真を見せる。
植物の花の中にはめ
しべだけのめ花とお
しべだけのお花があ
り、アオキの場合は
め花をつけるめ株と
お花をつけるお株に

おしべ

雄花

めしべ

雌花

分かれていること、実をつけたのはめ株の木で実をつけなかったのはお株の木であることを話す。

⑤　教科書のカボチャ（またはヘチマ、ツルレイシなど）のめ花、お花の解説も読み、どれも実（種子）ができるのはめ花だけであることを話し合う。

⑥　〈観察したこと・確かになったこと〉をノートに書き、何人か発表させる。

ノートに書かせたいこと

　アオキの花は、めしべだけのめ花、おしべだけのお花に分かれていた。お花だけの木には実ができなくて、め花だけの木に実ができることが確かになった。他にもめ花とお花に分かれているものには、カボチャ、ヘチマなどいろいろあった。

第7時　チューリップの花

ねらい　**めしべとおしべがあれば実（種子）をつくる。**

準　備

教師用　・チューリップの花と球根、実の写真

※チューリップの花と球根と実の実物があるといい。

※写真の場合は、『写真でわかる花と虫』（江川多喜雄 著　子どもの未来社）の CD-R より

※チューリップの実は、あらかじめ花壇のチューリップの花のいくつかを受粉させ（花粉を筆の先につけ、それを違う花の柱頭につけておく）、花が咲き終わったあとも切らないで残しておくと、結実することができる。

児童用　・「チューリップの花と実」のプリント

展　開

①　チューリップの花と球根の写真（または実物）を見せて、次の課題を出す。

課題⑥　**チューリップの球根を秋に植えると、次の年の春に花を咲かせる。このチューリップも花が咲いたあと、実（種子）ができるだろうか。**

②　〈自分の考え〉をノートに書いてから、話し合う。まず、どの意見が何人いるか、挙手させて調べ、人数を板書する。

チューリップの花

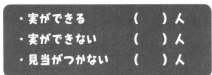

・実ができる　　　（　　）人
・実ができない　　（　　）人
・見当がつかない　（　　）人

チューリップの球根

それぞれの意見について、なぜそう考えたか、人数の少ない方から言わせる。

チューリップの実

・チューリップだって他の花と同じように実（種子）をつくると思うけれど、球根でふえると聞いたことがあるから、見当がつかない。

・チューリップは球根でふえるから、実（種子）はできないと思う。

・チューリップにおしべやめしべがあるんだから、子房が大きくなって実ができると思う。

③ 〈人の意見を聞いて〉をノートに書き、意見を変更する子どもの人数を調べる。何人か発表させる。

④ チューリップの実（種子）の写真（または実物）を見せる。

⑤ 「チューリップの花と実」のプリントを配って読む。

チューリップの
花と実の写真

よみもの

チューリップの花と実

　チューリップの花の中には、おしべとめしべがあります。おしべの花粉をいくつかの花のめしべの柱頭につけてみました。しばらくすると、その中には花びらもおしべも落ち、少し太くなった緑色のめしべ（子房）だけが残っているものがありました。それを大事にそのままにしておくと、やがて、葉もかれ、子房は茶色になり、割れました。それをさかさまにしてふってみると、うすべったい茶色の種子がポロポロと落ちてきました。チューリップにも種子ができるのです。

　この種子をまいてみると、はじめは太さ数ミリメートルのヒョロヒョロした芽が出ます。1年目はそれだけで、花はさきませんが、その芽がかれると土の中には小さな球根ができています。2年目も芽が出て小さい葉もでき土の中の球根は少しずつ大きくなりますが、花はさきません。このようにして3年目、4年目がたち、5～6年目にようやく花がさきます。

　これまで育てるのはたいへんなことですが、球根を植えるとだいたい半年で花をさかせるので、チューリップの花を楽しみたい人たちは球根を植えて花をさかせるのです。

⑥ 〈観察したこと・確かになったこと〉をノートに書き、何人か発表させる。

ノートに書かせたいこと

　チューリップも花がさいた後、実ができた。実の中にはうすべったい種子がたくさん入っていた。種子はできないと思ったけれどあったからびっくりした。

第8・9時　イネやトウモロコシの花

ねらい　実（種子）をつくるものは、花を咲かせる。

準　備

教師用　・イネ（またはムギ）の穂　・トウモロコシの実（種子）※写真でも可
　　　　・トウモロコシやクリの花と実の写真

児童用　・「イネの一生」のプリント

展　開

①　イネ（またはムギ）の穂の実物（または写真）を見せて、次の課題を出す。

課題⑦　ご飯で食べるコメは、この穂についているイネの種子の皮をむいたものである。イネも花を咲かせるだろうか。

②　〈自分の考え〉をノートに書いてから、話し合う。まず、どの意見が何人いるか、挙手させて調べ、人数を板書する。

　　それぞれの意見について、なぜそう考えたか、人数の少ない方から言わせる。

・花をさかせる　　　　　（　）人
・花をさかせない　　　　（　）人
・見当がつかない　　　　（　）人

　・イネの花なんて見たことがないから、花を咲かせないと思う。

　・花が咲かなければ実ができないのだから、花を咲かせると思う。

③　〈人の意見を聞いて〉をノートに書き、意見を変更する子どもの人数を調べる。何人か発表させる。

④　「イネの一生」のプリントを配って読む。

よみもの

イネの一生

　春に種もみをまいて、それを田んぼに植えかえるのが田植えです。田植えをしてしばらくはイネの成長は見られませんが、梅雨を過ぎるころからぐんぐん大きくなって、梅雨が明けて夏の太陽が照りつけるころになると、イネの背丈は 40cm 以上にも成長します。そして、イネの穂が出てきます。

　ある日の午前、穂についているつぶつぶの物が 2 つに割れ、中からおしべが出てきました。2 つに割れたのは花びらではなくて「えい」という花をつつんでいる物です。そのえいの中をのぞいてみると、めしべも見えます。

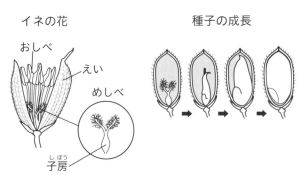

イネの花　　　　　　　種子の成長
おしべ
えい
めしべ
子房（しぼう）

8

　種子をつくるのにだいじなものは、めしべとおしべです。イネにもめしべとおしべがあるので、イネにも花がさくのです。花がさいたあと、受粉するとめしべの「子房」が成長して、イネの実になり、これが私たちが食べている米になるのです。

⑤　イネ（またはムギ）の穂の実物があれば、ピンセットと虫めがねを使って花の観察をする。

⑥　〈観察したこと・確かになったこと〉をノートに書き、何人か発表させる。

**　ノートに書かせたいこと　**

　イネは花がさかないと思っていたけれど、花がさいた。花びらがないから目立たないけれど、おしべとめしべがあり、おしべの花粉がめしべの先につくと、実（種子）ができることが確かになった。

⑦　トウモロコシの実を見せて、次の課題を出す。

課題⑧　食べるトウモロコシの1粒1粒はトウモロコシの実である。トウモロコシも花を咲かせるだろうか。

⑧　〈自分の考え〉をノートに書いてから、話し合う。まず、どの意見が何人いるか、挙手させて調べ、人数を板書する。

・花をさかせる	（　）人
・花をさかせない	（　）人
・見当がつかない	（　）人

　それぞれの意見について、なぜそう考えたか、人数の少ない方から言わせる。

・トウモロコシの花なんて見たことがないから、花を咲かせないと思う。

・イネだって花があったのだから、トウモロコシにもあるはずだと思う。

・花が咲かなければ実ができないのだから、花を咲かせると思う。

⑨　〈人の意見を聞いて〉をノートに書き、意見を変更する子どもの人数を調べる。何人か発表させる。

⑩　トウモロコシのお花とめ花の写真を見る。

⑪　クリの花と実の写真を見る。

いろいろな
花と実の写真

クリのめ花と実

トウモロコシのお花とめ花

⑫ 〈観察したこと・確かになったこと〉をノートに書き、何人か発表させる。

ノートに書かせたいこと

　トウモロコシは、くきの上の方にお花があってここから花粉が飛んで、下の方で毛を出しているめ花につくと、実ができることがわかった。クリも花から実（種子）ができることがわかった。花びらがなくても、おしべとめしべがあれば実（種子）ができることが確かになった。

第10・11時　タンポポの種子の数

ねらい　植物はたくさんの数の種子を作る。

準　備

児童用　・「1株の植物がつくる種子のおおよその数」の表（次ページ）のプリント

グループ用　・タンポポ（花がついているものと種子がついているもの）

　　　　　　・ピンセット　・セロテープ　・画用紙

展　開

① 「タンポポの花のつくりを調べよう」と言って、タンポポの花をグループに1つずつ配って観察する。1つのタンポポの花と言っているものは、じつはたくさんの小さな花びらの集まりであることを確認した後、1つの花を半分にわって、1つの花びらの絵をノートに書く。おしべ、めしべの柱頭、子房、がく（冠毛）を確認する。

② 　タンポポの種子を同じように配って、1つの花びらと綿毛のついた1つの種子とを比べてみる。花びらと柱頭、おしべが枯れてしまうと、冠毛（わた毛になる部分）と子房が成長して種子になることを確認する。

タンポポの花と種子

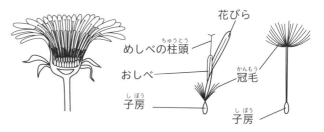

③ 「1つの花びらから1つの種子ができる」「花びらの数を数えると、できる種子の数がわかる」ことを確かめた後、次の課題を出す。

課題⑨　1株のタンポポはおおよそ5本の花を咲かせる。1株のタンポポがつくる種子の数を調べよう。

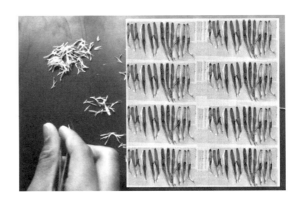

④ 「1本の花の中にある花びらの数×5本」で1株のタンポポからできる種子の数が求められることを確認して、作業する。1本のタンポポの花をグループ数にわって、各グループで手分けして小さな花びら数えをする。ピンセットを使って画用紙に10個ずつセロテープで貼りつけていく。最後に、全体を集計して板書する。

⑤ 「1株の植物がつくる種子のおおよその数」の表（右）のプリントを配る。

1株の植物がつくる種子のおおよその数（個）

植物	セイヨウタンポポ	オオマツヨイグサ	ハルジオン
種子の数	300〜1,200	10,000	120,000

⑥ 〈観察したこと・確かになったこと〉をノートに書き、何人か発表させる。

ノートに書かせたいこと

タンポポの花といっているものは、本当はたくさんの小さな花びらのあつまりだった。その小さな花びらの数を数えた。1本の花の中の花びらの数を集計したら、※120個あった。1株には5本の花がついていたから、全部で600個の種子がついていることになる。こんなにたくさんの種子をつくるので、びっくりした。　※数字は1つの例

第12時　種子の散布

ねらい　植物は種子を散布して子孫を残す。

準　備

教師用　・タンポポの種子、カラスノエンドウの実、カタバミの実など、身近にある実（種子）

児童用　・「植物の種子をまき散らすしくみ」のプリント

展　開

① タンポポの種子を見せて、次の課題を出す。

課題⑩　タンポポは綿毛のついた種子を風で飛ばす。植物が種子をまき散らす方法は、ほかにどんなものがあるだろう。知っていることをあげてみよう。

② 〈自分の考え〉をノートに書いてから、話し合う。

・「くっつき虫」で遊んだことがある。人間の服にくっついて運ばれるものがある。

・鳥が食べて違う所でふんをして、そこに種子をまく。

・実がパチンとわれて、種子が飛び散る。

③ 〈人の意見を聞いて〉をノートに書き、何人か発表させる。

④ 「植物の種子をまき散らすしくみ」のプリントを配って読む。

植物の種子をまき散らすしくみ

　たいていの植物は、花をさかせ、種子をつくります。そして、その種子をまき散らし、子孫が絶えないようにしています。シイやクヌギなどは、実のどんぐりを木の下にポトンと落とすだけですが、種子を遠くへ飛ばすしくみをもった植物もあります。どんな植物が、どのような方法で、種子をまき散らしているのでしょう。

　道ばたで、カタバミを見つけました。よく見ると、実もできていました。種子をとろうとして、大きな実にさわったら、種子が飛び散りました。カタバミの種子は、実の中ですき通った皮に包まれています。時期が来ると、皮の一方がさけて、急に反り返り、その勢いで、実のさけめから種子をはじき出すのです。

　スミレやカラスノエンドウも、種子をはじき飛ばします。スミレの実を見たら、3つのさやにさけて、茶色の種子がぎっしりつまっているものがありました。そのさやは、内側にとじてきています。さやがとじるようにし

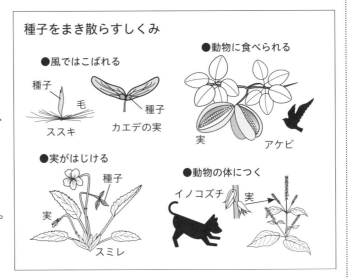

種子をまき散らすしくみ

●風ではこばれる
種子
毛
ススキ
カエデの実
種子

●動物に食べられる
実
アケビ

●実がはじける
実
種子
スミレ

●動物の体につく
イノコズチ
実

て、種子を飛ばすのです。カラスノエンドウの実は、黒くなってかわいてくると、ねじれるようにさけて、種子を飛ばします。これらの植物は、実がさけて、種子をはじき飛ばします。

　春に花をさかせたカエデに、種子ができました。竹とんぼのような羽を広げて、2つの種子がついています。この種子が風に乗って飛んでいきます。この種子を1つ高い所から落とすと、くるくると回って落ちてきます。ススキにも、白い毛がついた種子ができました。この種子が風に乗って、パラシュートのように飛んでいきました。このように、植物のなかには、風で種子をまき散らすしくみをもったものもあります。

　秋、林の中でアケビの実を見つけました。近づいてみると、実の中身が、空っぽのものや半分ほどしか残っていないものがいくつもありました。アケビの実の中身は、鳥やそのほかの動物に食べられてしまったのです。アケビの実の中には、白くてあまい、バナナのような形をしたものがあり、その中に、小さな黒い種子がいっぱい入っています。この種子は、動物の体の中で消化されず、ふんといっしょにすてられます。アケビの種子は、動物があちこちに運ぶのです。

　林の道を歩いて、ふとズボンを見ると、たくさんの種子がくっついていました。イノコズチ、ヌスビトハギなどの種子です。ヌスビトハギの種子の表面には、毛が生えています。イノコズチの種子にはとげがついています。毛やとげで洋服や動物の体にくっつくのです。これらの植物は、動物によって運ばれるしくみをもった実や種子を作っているのです。

⑤　できれば、あらかじめ教師が採っておいた風で飛ぶカエデの種子、手でさわると
はじけるカラスノエンドウやカタバミの実、服にくっつくイノコズチの種子などを
見せる。また、校庭や近くの公園などで、子どもたちに「種子さがし」の活動をさ
せられればさらにいい。

⑥　〈観察したこと・確かになったこと〉をノートに書き、何人か発表させる。

ノートに書かせたいこと

植物は、さまざまな方法で種子をまき散らしていることがわかった。タンポポのよ
うに風でとばしているもの、イノコズチのように服にくっついて運ばれるもの、カタ
バミのようにパチンとはじけて飛び散るものなど、いろいろあった。植物は自分では
動けないから、こんなやり方で種子をまき散らして子孫を残しているのだなと思った。

第 13 時　種子のしくみと栄養

ねらい　　種子は、その中に含まれている栄養分を使って発芽する。

準　備

児童用　・トウモロコシとインゲンマメ（またはダイズ）の種子[※1]

　　　　・カッターナイフ

グループ用　・トウモロコシとインゲンマメ（またはダイズ）の発芽したもの[※2]

　　　　　・トウモロコシやイネの苗（20cm くらいのびて種子の皮がついている
もの[※3]）

※1　種子はいずれも 1 日ほど水につけておく。
※2　トウモロコシとインゲンマメ（またはダイズ）の種子をプリンカップの中にしいたしめらせたティ
ッシュペーパーの上において 1 週間ほどおいておくと、発芽する。
※3　トウモロコシやイネの種子は 4 月頃プランターにまいておくと 5 月上旬には発芽して 20cm くら
いにのびるので、ていねいに土を取って種子の皮を残しておく。

展　開

①　トウモロコシとインゲンマメ（またはダイズ）の種子を見せて、次の課題を出す。

課題⑪　種子のどこから発芽するか、発芽する所は決まっているだろうか、種子と
発芽したものを比べて調べよう。

②　トウモロコシの種子を 1 人 1 個ずつ配って、カッターナイフで縦に切り、中を観
察してノートに絵を書く。芽や根になる胚の部分と、芽や根が発芽する時の養分に
なる胚乳を確認する。

③　同様に、インゲンマメ（またはダイズ）の種子を 1 人 1 個ずつ配って、カッタ
ーナイフで縦に切り、中を観察する。幼根、幼芽、子葉を確認する。インゲンマメ
の場合は、胚乳ではなくて子葉だが、ここに発芽に必要な栄養分が蓄えられている。

この栄養分と胚はどんな種子にもある。だから、種子は「べんとうもちの赤ちゃん」といえることを話す。

④　トウモロコシとインゲンマメ（またはダイズ）の発芽したものをグループに配って、種子のつくりと比べ、図のようになっていることを確かめる。

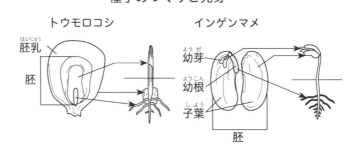

種子のつくりと発芽

トウモロコシ
胚乳（はいにゅう）
胚

インゲンマメ
幼芽（ようが）
幼根（ようこん）
子葉（しよう）
胚

⑤　「種子の中の栄養分（胚乳）が発芽に使われていることを調べよう」といって、トウモロコシやイネの苗（20cm くらいのびて種子の皮がついているもの）を見せる。種子が皮（種皮）だけになって、中身がからになっている様子を見る。

⑥　〈観察したこと・確かになったこと〉をノートに書き、何人か発表させる。

ノートに書かせたいこと

　トウモロコシとインゲンマメの種子のつくりを調べた。トウモロコシには芽や根になるはいの部分と、芽や根が発芽する時の養分になるはい乳があった。インゲンマメには幼根、幼芽、子葉があった。子葉は発芽する時の養分がたくわえられているそうだ。

第14時　種子の発芽条件

ねらい　発芽できる条件がそろわないと種子は発芽しない。

準　備

教師用　・ダイズの種子　・綿　・試験管　・試験管立て（あらかじめ図のようにセットしたものを用意しておく。また、同じものをもう1組、1週間前にセットしておく）
　　　　・メスシリンダー（1L用）　・網戸の網
　　　　・エアーポンプ（これも1週間前に次ページの図のようにセットしておく）

A　ダイズの種子
B　空気
綿
C　水

展　開

①　「タンポポは1株で600個も種子をつくって散布していた。でも、世界中がタンポポだらけにならないのはどうしてだろう」と聞いて、話し合う。
　・水やコンクリートの所に落ちたものは、発芽しないと思う。
　・人にふまれてしまっても発芽しない。
　・虫に食べられてしまうんだと思う。

②　図のようにセットしたものを見せて、次の課題を出す。

課題⑫ 図のようにしておくと、A、B、Cのどれが発芽するだろうか。

③ 〈自分の考え〉をノートに書いてから、話し合う。まず、どの意見が何人いるか、挙手させて調べ、人数を板書する。

> ・A が発芽する　　（　）人
> ・B が発芽する　　（　）人
> ・C が発芽する　　（　）人
> ・見当がつかない　（　）人

それぞれの意見について、なぜそう考えたか、人数の少ない方から言わせる。

・A は空気があるから発芽すると思う。

・B と C は水があるから発芽すると思う。

・A は水がないから発芽しないと思う。

・C は空気がないから発芽しないと思う。

・B は水も空気もあるから発芽すると思う。

④ 〈人の意見を聞いて〉をノートに書き、意見を変更する子どもの人数を調べる。何人か発表させる。

⑤ あらかじめ、1週間前にセットしておいたものを見せ、B だけが発芽している様子を見る。

⑥ 「水の中でも空気を送れば発芽するだろうか」と聞いて、話し合う。

・水と空気があれば発芽すると思う。

⑦ 図のようにセットしておいたものを見せ、水の中でも空気を送れば発芽している様子を見る。

⑧ 〈観察したこと・確かになったこと〉をノートに書き、何人か発表させる。

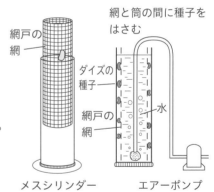

ノートに書かせたいこと

> 先生が1週間前にセットしておいた実験を見た。Aはそのまま変化がなかった。Bだけが発芽していた。Cは種子の皮がむけるほどふくらんでいたが、発芽していなかった。次に、水の中でも発芽するか、エアーポンプで空気を送っている実験を見たら、発芽していた。発芽するには水と空気が必要だということが確かになった。

第15時　発芽に適した温度

ねらい　種子が発芽するのに適した温度があり、植物によって違う。

【準 備】

教師用　・カラスノエンドウの種子（写真でもよい）　・「種子の休眠」の話のプリント

児童用　・「種子の発芽や成長と温度」のプリント

【展 開】

① 　カラスノエンドウの種子（または写真）

を見せて、次の課題を出す。

【課題⑬】　カラスノエンドウの種子は6月
にできるのに、10月頃発芽する。
これはどうしてだろう。

② 〈自分の考え〉をノートに書いてから、話し合う。

・発芽できる温度にならないからだと思う。

・温度でいったら暑い夏の方が発芽すると思うけれど、涼しくなる10月に発芽する
というのはそれに適した温度というのがあるのかもしれない。

③ 〈人の意見を聞いて〉をノートに書き、何人か発表させる。

④ 「種子の発芽や成長と温度」のプリントを配って見る。種子が発芽するのに適した
温度があることを読み取る。

⑤ 「種子の休眠」の話を教師が読む。

よみもの

種子の休眠
きゅうみん

　カラスノエンドウの種子を、6月に集めてまいておいたら、10月
まで発芽しませんでした。これはなぜでしょう。

　じつは、種子は「休眠」するのです。休眠とは、発芽しないでい
ることです。カラスノエンドウの種子は、夏の間休眠していて、秋
になって眠りからさめて発芽したのです。春に花をさかせて種子を
つくるハコベ、ハルジオンの種子も、秋に発芽します。

　水田によく生えるスズメノテッポウは、種子を5月〜6月につく
ります。その種子が発芽するのは、9月の末ごろから12月にかけて
です。夏の間は休眠していて、発芽しないのです。休眠をさますの
は夏の高い温度です。高い温度になるとしだいに休眠からさめてき
ます。しかしまだ発芽できません。水田には水がはってあって、空
気（酸素）が不足なのです。水田の水をぬくと、空気によくふれる
ようになって発芽します。

　メヒシバは、4月〜5月にどんどん発芽します。そして、9月に

スズメノテッポウ

メヒシバ

なると、穂を出して花をさかせ、種子をつくります。9月の中ごろには種子を落としますが、つぎの年の春まで発芽しません。メヒシバの種子は冬の間休眠しているのです。メヒシバは、冬の寒さにあうと休眠からさめはじめます。そして、昼間はあたたかく、夜はまだすずしいという温度のちがいをくり返すと、休眠からさめてきます。そして、水と空気が十分になると、眠りからさめて発芽します。

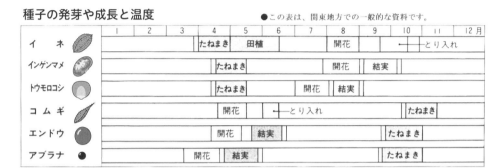

種子の発芽や成長と温度　　　　　　　　　●この表は、関東地方での一般的な資料です。

	1	2	3	4	5	6	7	8	9	10	11	12月
イ ネ				たねまき	田植			開花		←―→とり入れ		
インゲンマメ				たねまき				開花	結実			
トウモロコシ				たねまき		開花	結実					
コ ム ギ				開花	←―→とり入れ					たねまき		
エンドウ				開花	結実					たねまき		
アブラナ			開花	結実						たねまき		

●種子には発芽するのに適した温度があり、まく時期も地方によってだいたい決まっています。

⑥ 〈調べたこと・確かになったこと〉をノートに書き、何人か発表させる。

ノートに書かせたいこと

カラスノエンドウの種子が10月になって発芽したのは、それに適した温度にならないと発芽しないということと、暑い夏の間に「休眠」するためということがわかった。

単元について

「植物の発芽と成長」では、植物が子孫を残すしくみを

　多くの教科書は、「植物の発芽と成長」の単元を5月頃に学習し、それとは切り離して「花から実へ」の単元を9月頃に学習するという構成になっている。「花から実へ」の単元では実際に受粉させたものとさせなかったものとの比較実験をするので、ヘチマやアサガオの花が咲く9月頃に行うというのが、その理由である。しかし、教科書にあるような受粉実験は、花粉の成熟状態や受粉のタイミングなどを見極めるのが難しく、成功しない場合が多い。

　植物がどのように子孫を残すのかを理解するには、「花のつくり→受粉→結実→種子の散布→種子の発芽→成長」という流れで学習するほうがわかりやすい。受粉→結実の学習は、無理に受粉実験にこだわるのではなく、受粉しなかったために結実しない事実から考えさせることができる。また、発芽した後の成長については、6年の「植物の体と生活」でまとめて学習するほうが理解しやすい。

ここでは、次の2つのことを中心に教えたい。

①　植物にとって、花は子孫を残すための繁殖器官である。

②　植物はたくさんの種子をつくり、散布し、発芽して子孫を残す。

　子どもたちは日常生活でチューリップやアサガオのような栽培植物にふれることが多いせいか、花の役割というとせいぜい「人間の目を楽しませる」とか「虫にみつをやる」程度にしかとらえていない。しかし、植物にとっての花は、種子をつくって子孫を残す大切な器官なのである。そうしたことが理解できた時、花のまわりに集まってくる昆虫も受粉にかかわっていることなど、花を見る目が変わってくる。

　なお、一般的に「実」と言っているもののなかには「種子」を含んでいる場合もあり、その違いを説明している教科書もあるが、その区別を小学生に理解させることは難しいので、ここでは「実（種子）」と表すことにした。

２．魚のたんじょう

【目標】

動物は、卵や子をうんで子孫を残す。

（1）自然にわく生物はいない。

（2）動物は生殖器をもち、受精卵をつくる。

①卵をうむ動物のメスには卵巣、オスには精巣がある。

②子どもをうむ動物のメスには卵巣、子宮、ワギナがあり、オスには精巣、ペニスがある。

③メスとオスが交尾して受精卵をつくる。

④受精卵から子どもが育ってうまれる。

（3）動物が卵や子どもをうむ数は、親の生活と関係がある。

①親が卵や子どもを守る動物は、産卵数が少ない。

②ほ乳動物は１頭だけうんでも子孫を残せる。

【指導計画】 14時間

【学習の展開】

第１時　親なし子はいない

ねらい 自然に親なしでうまれる動物はいない。

準 備

教師用 ・『ファーブル写真昆虫記　長い鼻は穴あけドリル』（岩崎書店）

　　　　・穴のあいたドングリがあればさらにいい。
　　　　※拾ってきたドングリをたくさん箱に入れてしばらく置いておくと、そのうちのいくつかは
　　　　　穴があいて中から幼虫が出てくる。

児童用 ・「ドングリから出てきた虫は…」のプリント

展 開

① 穴のあいたドングリの実物またはドング
　リから虫が出てきた写真（または『ファー
　ブル写真昆虫記　長い鼻は穴あけドリル』
　p.14〜15）を見せて、次の課題を出す。

課題① ひろってきたドングリから幼虫が
　　　　　出てきた。この虫は親なしでひとり
　　　　　でにうまれてきたのだろうか。

② 〈自分の考え〉をノートに書いてから、話し合う。

・ドングリにはかたい皮がある。その中にいたのだから、自然にうまれたと思う。

・親の虫がドングリの中に卵をうんで、その卵から幼虫がうまれたと思う。

③ 〈人の意見を聞いて〉をノートに書き、何人か発表させる。

④ 「ドングリから出てきた虫は…」のプリントを配って読む。

ドングリから出てきた虫は…

　落ちたドングリから出てきた虫は、何の幼虫で
しょう。親は、シギゾウムシです。ゾウムシは、ゾ
ウのように長い口をもった昆虫です。

　ゾウムシのメスは、まだ緑色のドングリに長い
口をきりのように使って穴をあけます。その穴の
中に、卵をうむのです。卵からかえった幼虫は、ド
ングリの中身を食べて大きくなります。秋になり、

ドングリが木から落ちると、ドングリの中で育った幼虫が出てきます。この幼虫は、土の中に
もぐってさなぎになります。ドングリが地上に落ちてから幼虫が出てくるのは、そのためです。

　昔、ハエやカの幼虫（ウジ、ボウフラ）がいつのまにかうまれてくるのを見て、「ウジやボウ
フラがわく」と言われたことがありましたが、「親なし子はいない」のです。

⑤ 〈調べたこと・確かになったこと〉をノートに書き、何人か発表させる。

ノートに書かせたいこと

　シギゾウムシの親が、まだドングリの皮が青くてやわらかいうちに卵をうんで、それから幼虫がうまれた。「ウジがわく」という話があるが、親なしに自然にうまれる動物はいないということが確かになった。

⑥ 「動物を子孫の残し方で2つに分けると、どういう動物に分けられるだろう」と聞いて、「卵をうんで子孫を残す動物」と「子どもをうんで子孫を残す動物」があることを確認する。いくつか具体例をあげて、どちらに入るのか考えさせる。例えば、卵をうむ動物では、トンボ、スズメ、イワシ、ミミズなど。子どもをうむ動物では、ライオン、ウマ、ヒトなど。

第2・3時　サケの受精

ねらい　**メスの卵とオスの精子が結合（受精）すると子どもがうまれる。**

準備

教師用　NHK for School・「サケの産卵」（2分13秒）
　　　　・「サケの卵の変化〜ち魚になるまで〜」（1分32秒）
　　　　・「メダカの産卵からたん生」（1分31秒）

児童用　・「サケのメスとオス」のプリント

展開

① 教科書のメダカのメスとオスの写真や右の図を見せて、次の課題を出す。

課題②　**メダカやサケは、卵をうむのはメスである。それでは、オスはどんな役目をしているだろう。**

② 〈自分の考え〉をノートに書いてから、話し合う。
・うまれた卵を守っていると思う。
・卵からかえった子どもを育てていると思う。
・メスのうんだ卵に精子をかけると思う。

③ 〈人の意見を聞いて〉をノートに書き、何人か発表させる。

④ NHK for School の動画「サケの産卵」「サケの卵の変化〜ち魚になるまで〜」を見る。

⑤ 「サケのメスとオス」のプリントを配って読む。

メダカのメス・オスの形の特徴

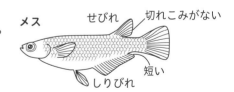

メス　せびれ　切れこみがない
しりびれ　短い

オス　切れこみがある
ひれのはばが広い

サケのメスとオス

海で育ったサケは産卵期になると川をさかのぼってきます。産卵場所まで来ると、メスが穴をほります。卵をうむ準備です。やがて、オスはメスとならんで体をメスにおしつけるようにしてふるわせます。そして、メスが卵をうんだしゅん間、オスは精子を卵にかけます。あたりは精子でまっ白になります。精子は、水の中をおよいで卵に近づき、ひとつの精子が卵の中に入ります。卵と精子が結びつくことを「受精」といい、受精した卵を「受精卵」といいます。受精卵が稚魚（子どもの魚）になるのです。

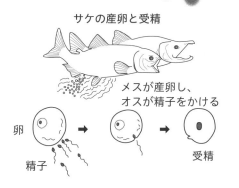

サケの産卵と受精

メスが産卵し、オスが精子をかける

卵　精子　→　→　受精

⑥　〈調べたこと・確かになったこと〉をノートに書き、何人か発表させる。

ノートに書かせたいこと

サケのメスが卵をうむ時に、オスは精子を出して、卵に精子をかけていた。これを「受精」という。卵は受精してはじめて生命をもつということがわかった。

⑦　NHK for School の動画「メダカの産卵からたん生」を見る（教科書のメダカの産卵と卵の成長の写真を見るのでもいい）。実際に教室でメダカを育てて観察している場合は、その様子を発表し合う。

⑧　〈メダカの産卵からたん生を見て〉をノートに書き、何人か発表させる。

メダカの受精と産卵の動画

ノートに書かせたいこと

メダカもサケと同じように、メスがうんだ卵にオスが精子をかけて、水草にうみつけていた。卵は毛が生えていて、水草にからみついていた。受精してから30日ほどたつと、卵の中に黒い目が現れて動くようになり、やがて、卵の中から小さなち魚が出てくる。ち魚のおなかには栄養が入ったふくろがついていて、このおなかのふくろの栄養だけで育つ。おなかのふくろが小さくなると、自分で食べ物をとるようになることがわかった。

第4・5時　魚の生殖器官

ねらい　魚のメスには卵巣、オスには精巣がある。

準　備

グループ用　・アジ※　・カッターナイフ　・はさみ　・キッチンペーパー
　　　　　　・金属トレー

※なるべく新鮮なもの。5〜6月頃はアジ、11月〜12月頃はスケトウダラ、2〜3月頃はイワシ。それ以外にニシンは冷凍ものが通年で手に入る。卵巣と精巣を調べるのだから、それぞれの魚の繁殖期を考えて時期を選ぶ。また、オスとメスが必要だが、外見から区別がつかないので、何匹か購入すれば、そのなかにオス、メスがいる。

展　開

① オスには精子をつくる精巣という器官、メスには卵をつくる卵巣という器官があることを話してから、次の課題を出す。

課題③　アジの体の中には、精巣や卵巣がどこにあるか、解剖して調べてみよう。

② 初めに、教師が実演して、解剖の手順を説明する。

背びれ　側線　尾びれ　えら　胸びれ　肛門　尻びれ

●アジの解剖のし方

ア）アジの1体を金属トレーに広げたキッチンペーパーの上に乗せる。

イ）写真の点線のように、アジのえらの部分からカッターナイフを入れ、側線（魚の体の側面のえらぶた上端から尾びれに向かってある細いスジ）にそって肛門の部分まで肉を切っていく。

精巣

ウ）側線部分の切り込みから、指を使って肉を骨からはがすように開くと、内臓が見えるようになる。

エ）白くて細長いものが見えれば精巣、赤いつぶ状のものが見えれば卵巣。とくに卵巣は血管が表面にたくさん見えることに注目させる。また、どちらも左右一対あることも見せる。

卵巣

オ）えらぶたをはさみで切り取って、何枚も重なっているえらを見る。ここで水の中にとけている酸素を吸収していることを話してもいい。

アジの解剖の動画

カ）眼球を取り出して小さな文字の上に置くと、文字が大きく見えるレンズになっていることも見るといい。

キ）解剖が終わったら、キッチンペーパーに包んで処理する。

③ グループで解剖をする。グループによって卵巣があった場合、精巣があった場合とあるので、最後にお互いに見せあう。卵巣や精巣のような子孫を残す所を「生殖器官」ということを教える。

④　解剖が終わった魚は、そのままキッチンペーパーに包んで回収する。

⑤　〈調べたこと・確かになったこと〉をノートに書き、何人か発表させる。

ノートに書かせたいこと

　アジのメスの体の中には、卵が入っている卵巣があり、オスの体の中には、精子が入っている精巣があった。どちらも２つで１組になっていた。

第６時　カエルの生殖器官と受精

ねらい　**カエルもメスに卵巣、オスに精巣があり、メスが産卵するとすぐにオスが精子をかけて受精させる。**

準　備

教師用　・『カエルのたんじょう』（種村ひろし、あかね書房、科学のアルバム）

　　　　・または『交尾』（高柳美知子・松本徳重、子どもの未来社）

児童用　・「カエルの産卵」のプリント

展　開

①　カエルのオスがメスの上にのっている写真（『カエルのたんじょう』や『交尾』）を見せてから、次の課題を出す。

課題④　**カエルは卵をうむとき、メスの上にオスが乗っかっている。これはどうしてだろう。**

②　〈自分の考え〉をノートに書いてから、話し合う。

・オスがメスや卵を守っていると思う。

・メスが卵をうんだら、オスが精子をかけていると思う。

③　〈人の意見を聞いて〉をノートに書き、何人か発表させる。

④　「カエルの産卵」のプリントを配って読む。

よみもの

カエルの産卵

　アカガエルは冬眠から目をさました春先に、産卵します。この時、オスのカエルがメスの背中に飛びのります。メスはオスをおんぶしたまま水の中をおよぎ、産卵します。すると、すぐにオスが精子を出します。精子は水の中をおよいでいって、卵といっしょになります。

　アカガエルの卵は、ゼリーのようなものでつつまれて

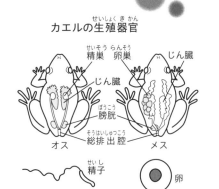

カエルの生殖器官

精巣　卵巣　じん臓

じん臓

膀胱

総排出腔

オス　　　メス

精子

卵

います。これはうまれた卵が水にふれるとできてきます。でも、このゼリー状のものにつつまれてしまっては、精子は卵の中に入ることができません。そのため、オスはメスにおんぶして、メスが卵をうんだしゅん間のゼリー状のものにつつまれる前に受精させるのです。

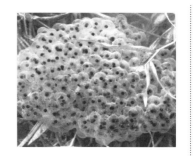

⑤ 〈調べたこと・確かになったこと〉をノートに書き、何人か発表させる。

ノートに書かせたいこと

　カエルのメスが卵をうむと、上に乗ったオスが精子をかけて受精していた。カエルにもメスの体には卵巣があり、オスの体には精巣があることがわかった。

第7時　ニワトリの卵のつくり

ねらい　卵の中には、子になる胚と、胚が育つための栄養分がある。

準 備

教師用　・『たまごのひみつ』（清水清、あかね書房、科学のアルバム）
児童2人あたり　・ニワトリの卵（入手が可能なら受精卵がよいが、食用で売っている卵でもいい）　・ピンセット　・シャーレ

展 開

① ニワトリの卵を見せながら、次の課題を出す。

課題⑤　ニワトリの卵はどんなつくりになっているか、調べてみよう。

② 調べ方を説明する。

ア）2人に1個のニワトリの卵を配る。それをシャーレにのせて、からの一部をピンセットの反対側で軽くたたいてひびを入れた後、ピンセットの先で卵の中が見える程度の大きさに卵のからをていねいにはがす。

イ）卵膜もていねいに穴をあけると、中から白身と黄身が見えてくる。黄身の上に小さい丸（胚）があることに気づかせる（胚が黄身の下にいってしまった場合は、シャーレを持ち上げて下から見る）。

ウ）『たまごのひみつ』p.2の「たまごのつくり」の図で、卵の中とそれぞれの部分の名前を確認する。胚がヒヨコに育つところ、

卵のつくり

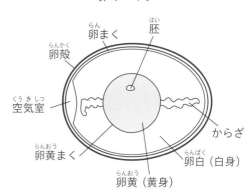

卵黄や卵白が栄養になるところであることを話す。ひものような「からざ」は、卵黄をハンモックのように卵の真ん中に吊り下げ、胚が親鳥に温められやすいようにいつも上の位置にくるように調節する役目をしていることを話してもいい。

③　2人1組で、卵のつくりの観察をする。

④　〈調べたこと・確かになったこと〉をノートに書き、何人か発表させる。

ノートに書かせたいこと

　ニワトリの卵のからをピンセットで少しずつはがしていくと、内側にまくがあった。その中に白身があり、真ん中に黄身があった。黄身の上に「はい」があり、その「はい」がヒヨコになる。白身や黄身はヒヨコになる栄養だった。

⑤「メダカの卵は『から』がなかったけれど、ニワトリの卵はかたい『から』がある。このちがいは、どうしてだろう」と聞いて話し合う。

・メダカは水中で卵をうむから、卵の中身が乾燥してしまうことはないけれど、ニワトリは空気中で卵をうむから、卵が乾燥してしまわないようにからがある。

第8時　ニワトリの交尾

ねらい　ニワトリは、オスが精子をメスの体内に送り込んで受精する。

準　備

教師用　・『たまごのひみつ』（清水清、あかね書房、科学のアルバム）

児童用　・ニワトリの生殖器官の図のプリント　・「ニワトリの受精」のプリント

展　開

①　ニワトリの生殖器官のプリントを配り、ニワトリにも子孫を残す器官として、オスには精巣、メスには卵巣があることを話してから、次の課題を出す。

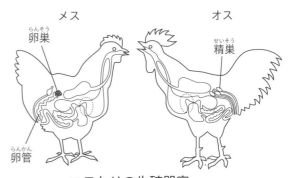

ニワトリの生殖器官

課題⑥　ニワトリの卵にはかたい「から」がある。ニワトリはどのようにして受精するのだろうか。

②　〈自分の考え〉をノートに書いてから、話し合う。

・メスが卵をうんでから、オスが精子をかけると思う。

・メスの体の中に精子を送り込んで、『から』ができる前に受精すると思う。

③ 〈人の意見を聞いて〉をノートに書き、何人か発表する。

④ 『たまごのひみつ』の2〜7ページ、または、次の「ニワトリの受精」のプリントを配って読む。

ニワトリの受精

よみもの

メダカやカエルとちがって、かたい「から」があるニワトリの卵にはオスが精子をかけても受精することはできません。そこで、ニワトリはからをつくる前に受精しなければなりません。からは卵がうまれる直前に卵管の中でつくられます。ですから、オスはメスの体の中へ精子を送りこんでからができる前に受精させます。オスはメスの体の上にのっかって、精子の出口をメスの卵の出口にくっつけて精子を送りこみます。これを「交尾」といいます。交尾をしてメスの体の中に送りこまれた精子は、卵の所まで卵管の中をおよいでいって受精します。受精した卵は、卵管の中を通る時、卵白がつくられ、その後でからができてうみ落とされます。ニワトリのように、オスがメスの体の中に直接精子を送り込んで受精させるのを「体内受精」といいます。また、魚やカエルのように、メスがうんだ卵にオスが体の外で受精させることを「体外受精」といいます。水の中では卵まで精子がおよいでいくことができますが、陸上では水がないのでそれができないし、卵にはからがないと乾燥してしまうので、体内受精をするようになったのです。

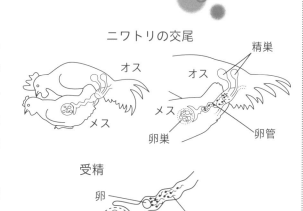

ニワトリの交尾

オス

オス

精巣

メス

メス

卵巣

卵管

受精

卵

精子

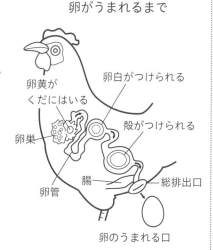

メスの体の中で
卵がうまれるまで

卵黄がくだにはいる

卵白がつけられる

卵巣

殻がつけられる

卵管

腸

総排出口

卵のうまれる口

⑤ 〈調べたこと・確かになったこと〉をノートに書き、何人か発表させる。

ノートに書かせたいこと

ニワトリは、メスのおしりとオスのおしりをくっつけて、オスがメスの体内に精子を送りこみ、まだ「から」のできないうちに受精していた。サケやカエルのようにメスが卵をうんでから体の外で受精する方法を「体外受精」というのにたいして、ニワトリのように体の中で受精する方法を「体内受精」ということがわかった。

第9・10時　ウマの生殖器官と交尾・受精

ねらい　ウマのメスは卵巣・子宮・ワギナ、オスは精巣・ペニスがあり、ペニスをワギナに入れて精子を送り込み、受精した卵が子宮で育って、子どもがうまれる。

準備

児童用　・ウマの生殖器官の図のプリント　・「ウマの受精」のプリント

展開

① 「これまでは卵をうむ動物のことを学習してきたが、子どもをうむ動物はどのように子孫を残すのだろうか」といって、次の課題を出す。

課題⑦　ウマは子どもをうむ動物である。ウマのオスとメスの体には、それぞれ子孫を残すためのどんな生殖器官があるだろうか。

② 〈自分の考え〉をノートに書いてから、話し合う。

・今までのことを考えると、オスには精巣、メスには卵巣があると思う。

・卵をうむのと違って子どもをうむのだから、メスの体には子どもを育てる所があると思う。

・お腹の中の子どもに栄養を送る管があると思う。

・オスにはメスに精子を送り込む所があると思う。

③ 〈人の意見を聞いて〉をノートに書き、何人か発表する。

④ ウマの生殖器官のプリントを配って見る。オスには精子をつくる精巣と精子を出すペニスがあり、メスには卵をつくる卵巣と子どもを育てる子宮、赤ちゃんが出てくるワギナがあることを確認する。

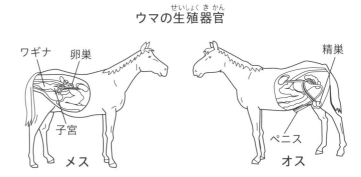

ウマの生殖器官

ワギナ　卵巣　精巣　子宮　ペニス　メス　オス

⑤ 〈調べたこと・確かになったこと〉をノートに書き、何人か発表させる。

ノートに書かせたいこと

ウマのメスには、卵をつくる卵巣、赤ちゃんを育てる子宮、赤ちゃんをうむワギナがあった。オスは、精巣で精子をつくり、ペニスで精子を出すことがわかった。

⑥ ニワトリは体内受精していたけれど、ウマの受精はどのようにしているのだろうと話して、次の課題を出す。

課題⑧　ウマは、どのようにして受精するのだろう。

⑦　〈自分の考え〉をノートに書いてから、話し合う。

　　・オスの精子をメスの体に送り込んでいると思う。

　　・ペニスから精子を出して送っていると思う。

　　・オスのペニスをメスのワギナに入れて精子を送っていると思う。

⑧　〈人の意見を聞いて〉をノートに書き、何人か発表する。

⑨　「ウマの受精」のプリントを配って読む。

よみもの

ウマの受精

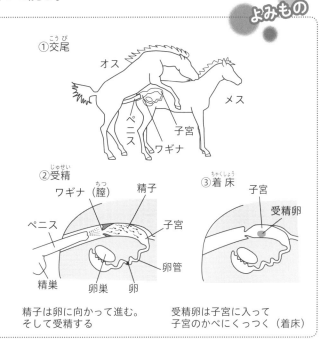

　ウマは、繁殖期（子どもをつくる時）になると、メスの卵巣から卵が出てきます。卵は、卵管の中を子宮に向かって少しずつ送られてきます。この時、オスはペニスをメスのワギナに入れて、精巣でつくった精子を送りこみます。精子はワギナから子宮へ、そして卵管へとおよいでいきます。そして、卵と出合い受精します。受精した卵は子宮のかべにくっつき、へそのお、胎盤ができます。

精子は卵に向かって進む。そして受精する

受精卵は子宮に入って子宮のかべにくっつく（着床）

⑩　〈調べたこと・確かになったこと〉をノートに書き、何人か発表させる。

ノートに書かせたいこと

　ウマのオスはメスのワギナにペニスを入れて、精子を送っていた。ウマも体内受精していることがわかった。

第11時　タラコの卵数え

ねらい　1匹のメスのタラは、約30万個の卵をうむ。

準　備

教師用　・タラの卵1腹分（タラコが2袋ついたもの）　・電子天秤

児童用　・針　・シャーレ　・薬包紙

展　開

①　タラコを見せてから、「タラコはスケトウダラという魚のメスの卵巣である。この

小さな 1 粒が卵だけれど、このタラコの中に何粒の卵があるか調べたい。どうしたらいいだろう」と聞いて、次の課題を出す。

課題⑨ 1 匹のタラのメスがうむ卵の数を調べよう。

② 卵の数をどう調べたらいいか、簡単に話し合う。

・タンポポの種子数えと同じように、タラコ 1 個を全員に分けて、卵の数を数えて合計すればいいと思う。

・タンポポと違って、これだけ細かい粒を 1 つひとつ数えるのは無理だと思う。

・卵 1 個の重さと全体の重さを測って、全体の重さ÷1 個の重さで数がわかる。

・卵 1 個の重さは小さすぎて測れない。

・全体の重さを測って、その中から 1 g だけとってその卵の数を数え、1 g の卵の数×全体の重さでわかる。

※こうした数え方が子どもたちから簡単に出てこない場合は、話し合いに時間をかけないで、次の数え方を説明する。

③ タラコの卵の数え方を次のように確認する。

ア) 1 腹分のタラコ全体の重さを電子天秤で測る。

イ) タラコ 1 g だけ電子天秤で測り取る。

ウ) 切り取った 1 g の卵をグループに分けて配り、各グループはみんなで分担して卵の数を数える。この時、シャーレに卵のかたまりを置いて、そこに数滴の水をたらして針で数えると、数えやすい。

エ) みんなの数を合計して、1 g 分の卵の数を求める。

オ)「1 g 分の卵の数×全体の重さ＝タラコの全部の卵の数」となる。

④ 上の方法で、卵の数を数える。

⑤ 〈調べたこと・確かになったこと〉をノートに書き、何人か発表させる。

ノートに書かせたいこと

タラコ 1 g 分をみんなで分けて数えたら、2129 個だった。タラコは全部で 92g だったので、2129 × 92 ＝ 195868 個という計算になり、およそ 20 万個※の卵をうむことがわかった。（※数字は 1 つの例）

第 12 時　魚の産卵数

ねらい タラやサケはたくさんの卵をうむが、その中で親になるのはわずかである。

準備

児童用　・「海がタラだらけにならないわけ」のプリント

展　開

① 「タラの卵の数は、20万個※もあったね」と話して、次の課題を出す。

課題⑩　1匹のタラは20万個の卵をうみ、1匹のサケは約4000個の卵をうむ。

しかし、海がタラやサケでいっぱいになってしまわないのは、なぜだろう。

※タラの産卵数は、前時に子どもたちが実際に数えた数を使う。

② 〈自分の考え〉をノートに書いてから、話し合う。

・卵の時に食べられたり、死んだりするのがあると思う。

・まだ小魚の時に、大きい魚に食べられるものもあると思う。

・人間にとられてしまう魚もある。

・生き残るのが少ないから、海がタラやサケでいっぱいになることはない。

③ 〈人の意見を聞いて〉をノートに書き、何人か発表する。

④ 「海がタラだらけにならないわけ」のプリントを配って読む。

海がタラだらけにならないわけ

　20万個もの卵をうむのに、海がタラだらけにならないのはなぜでしょう。

　卵の時に陸に打ち上げられたり、きずついて死んだり、他の魚に食べられてしまったり、卵からかえっても小魚のうちに大きい魚に食べられてしまったりして、生き残って親になるタラはほんのわずかと考えられます。

　コロンビア（南アメリカ）のカルタス湖では、海で育ったベニザケが川をさかのぼって産卵します。ある年、ベニザケがうんだ卵の数と、海にくだった稚魚と親になってもどった成魚の

数を調べてみたら、図のようになりました。1ぴきの成魚が育つためには、1747万÷6千＝約2912で、卵が約3000個必要ということがわかりました。サケは1ぴきのメスが約4000個の卵をうむ

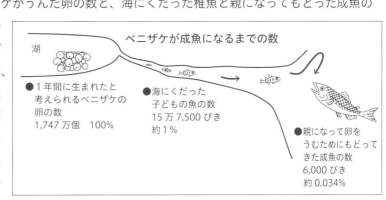

ベニザケが成魚になるまでの数

湖

●1年間に生まれたと考えられるベニザケの卵の数
1,747万個　100％

●海にくだった子どもの魚の数
15万7,500ぴき
約1％

●親になって卵をうむためにもどってきた成魚の数
6,000ぴき
約0.034％

そうですから、これだけの卵から成魚になれるのは1～2ひきということになります。

⑤ 〈調べたこと・確かになったこと〉をノートに書き、何人か発表させる。

ノートに書かせたいこと

　ベニザケは、1700万個の卵をうんでも6千匹しか親になれない。産卵してもすぐ大きな魚に食べられてしまったり、小さい魚のうちに食べられてしまうからだ。だから、たくさんの卵をうまないと、子孫を残すことができないことがわかった。

第13時　魚の産卵数と親の生活

ねらい　うんだ卵や子どもを守ったり育てたりする動物は、産卵数が少ない。

準　備

教師用　・『すをつくるさかな・いとよ』（三芳悌吉、福音館　かがくのとも）または
　　　　　プリント　・NHK for School『わき水に頼るハリヨ』（2分33秒）

児童用　・「卵をたくさんうむ魚と少しうむ魚」のプリント

展　開

① 　タラは20万個もの卵をうむけれど、トゲウオは100個ほどの卵しかうまない。
　　こんなに卵をうむ数がちがうのはなぜだろうと、次の課題を出す。

課題⑪　　1匹のメスがうむ卵の数は、マンボウ約3億個、ブリは150万個、フナは
　　　　　　9万個もうむのに、トゲウオは100個しかうまない。それでもトゲウオが
　　　　　　子孫を残すことができるのはなぜだろう。

② 　〈自分の考え〉をノートに書いてから、話し合う。

・卵の数が少ないのは、強いからそれでも子孫が残せるんだと思う。

・巣の中で卵を育ててかえすから、少なくても大丈夫なんだと思う。

・親が世話をするから、数が少なくても子孫を残せる。

③ 　〈友だちの意見を聞いて〉をノートに書き、何人か発表する。

④ 　「卵をたくさんうむ魚と少しうむ魚」のプリントを配って話し合う。

卵をたくさんうむ魚と少しうむ魚

魚	卵の数（個）	親の育て方	卵のしくみ
マンボウ（海）	2億8,000万	水の中にうみっぱなし	油のうきがあって、うかんでいる
ブリ（海）	150万		
フナ（川・池）	9万	うみっぱなし	ねばねばしたものがついていて、もにくっつく
アイナメ（海）	6,000	卵を守る	
トゲウオ（小川）	100	巣をつくって卵をうみ、子にえさをあたえる	

・アイナメやトゲウオは卵を守るので、少なくても生き残ることができる。

・フナは、うみっぱなしでも卵が草にくっついているので、食べられる卵は少ない。

・マンボウやブリのように親が卵をうみっぱなしの魚は、たくさん卵をうむけれど他
　の魚に食べられてしまったりして、生き残るのは少ない。

⑤ 　『すをつくるさかな・イトヨ』の本を読む。または、次のプリントを配って読んで
　もいい。

すをつくるさかな・イトヨ

　トゲウオのなかまのイトヨは、冬が終わる頃、海からふるさとの川にもどってきます。オスのイトヨは、自分のなわばりをきめると、川の底に口やひれを使って穴をほります。そして、水草の細い根を運んできてそれを穴にかぶせて巣をつくります。

　巣ができあがると、メスをさそってきて、まず自分が巣に入ってみせてメスを巣にさそいます。メスがようやく巣に入って卵をうむと、オスは精子をかけて受精します。産卵が終わると、オスはどろや砂で巣をうめて、それから毎日巣から離れないで見張り続けます。10日ほどたって、オスがうめた巣をほりおこすと、卵の中ではもう小さな赤ちゃんが動いています。オスはひれを動かして、巣に新鮮な水を送り、やがて子どもがうまれると、巣のまわりで子どもを守り続けるのです。

⑥　〈調べたこと・確かになったこと〉をノートに書き、何人か発表させる。

ノートに書かせたいこと

　親が卵をうみっぱなしの魚は、たくさんの卵をうまないと子孫を残せないが、親が卵を守る魚は、少ない数の卵でも子孫を残すことができることがわかった。

第14時　ほ乳動物の子どもの数と生活

ねらい　　ほ乳動物は、親が子どもを守り育てるので、数頭の子どもをうんでも子孫を残せる。

準備
児童用　・「ウマの赤ちゃんのたん生」のプリント。

展開
①　ゾウは2年に1匹、ウマは1年に1匹しか子どもをうまないことを話し、次の課題を出す。

課題⑫　ウマは1年に1匹しか子どもをうまないのに、子孫を残せるのはなぜだろう。

②　〈自分の考え〉をノートに書いてから、話し合う。

・体が大きくて他の動物に食べられることがないから、少なくても大丈夫なんだと思う。

・親が子どもを守って大事に育てるから、少なくても子孫を残せる。

・うまれるまでメスの腹の中で育てられるから、死んだり食べられたりすることが少ないと思う。

・うまれたあとも、一匹で生活できるようになるまで、親が世話をしてくれるからだと思う。

③　〈人の意見を聞いて〉をノートに書き、何人か発表する。

④　「ウマの赤ちゃんのたん生」プリントを配って読む。

よみもの

ウマの赤ちゃんのたん生

　ウマの胎児（おなかの中の子ども）は、メスの子宮の中で育ちます。子宮の中はあたたかく、羊水があります。胎児は羊水の中にうかんでいて、衝撃から守られています。胎児は「へそのお」で胎盤とつながり、母ウマの血液にとけている酸素や栄養分を吸収します。そして、胎児の体の中にできたいらなくなったものや二酸化炭素などを胎盤を通して母ウマにわたしてすててもらいます。

　こうして、子宮の中で成長した胎児は、ワギナからうみ落とされます。うまれた子ウマは、母乳を飲んで育ちます。ウマのように、母乳を飲む動物を「ほ乳動物」といいます。

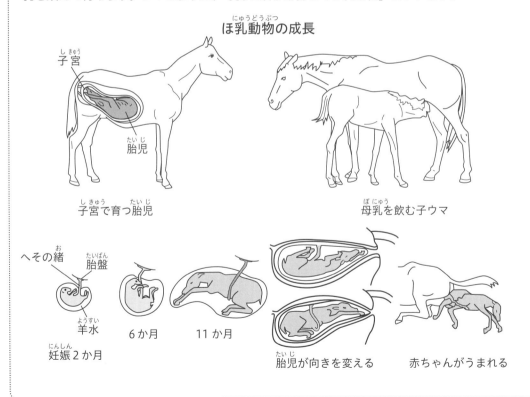

ほ乳動物の成長

子宮で育つ胎児　　　母乳を飲む子ウマ

へその緒　胎盤　羊水　妊娠2か月　6か月　11か月　胎児が向きを変える　赤ちゃんがうまれる

⑤ 〈調べたこと・確かになったこと〉をノートに書き、何人か発表させる。

ノートに書かせたいこと

　ウマの赤ちゃんは、メスの子宮で母ウマから栄養をもらって育つことがわかった。そして、うまれた子ウマは母乳を飲んで育つから、少なくうまれても子孫を残せることがわかった。こういう動物をほ乳動物というそうだ。

単元について

「魚のたんじょう」ではほ乳動物のたんじょうまで

　動物の子孫の残し方を見ると、卵をうむものと子どもをうむものとに分かれる。どちらの場合も、卵や子どもをうむのはメスである。それでは、オスはどんなはたらきをしているのだろうか。「卵や子どもを守る」とか「メスを守る」といったとらえ方をしている子どもが多い。しかし、生物として見る時に大切なことは、メスの卵とオスの精子が合体（受精）して、生命が誕生するということである。

　魚のような水中の動物では、メスが卵をうむとすぐにオスが寄りそって精子をかけ、受精卵になる。つまり、体の外で受精するので、これを「体外受精」とよぶ。鳥のように陸上動物で卵をうむものは、しっかりした「から」のある卵をもっている。卵の中身を乾燥から防ぐためである。そして、受精のし方も、水中動物とはちがって、オスの精子を直接メスの体内に送り込んで、メスの体内で受精させる。精子は乾燥にたいへん弱いので、空気中にさらすことなく受精するしくみである。これを「体内受精」とよんでいる。ネズミやゾウ、ヒトといったほ乳動物も、体内受精している。

　ところで、魚がものすごくたくさんの卵をうむのは、なぜだろうか。何万とうんだ魚の卵はうみっぱなしだから、そのほとんどが他の魚に食べられてしまったり、孵化した稚魚も食べられてしまって、成魚にまで成長するのは、そのうちのほんのわずかである。つまり、たくさんの卵をうんでようやくそのうちのわずかの子孫を残すしくみなのである。

　一方、水草に卵をうみつけたり、水中に巣をつくってそこに産卵し、卵を親が育てる魚もいる。こういう魚の場合は、それほどたくさんの卵をうまない。うみっぱなしよりも成魚になる可能性が多いから、少なくても大丈夫なのである。さらに、ほ乳動物のように少ない数の子どもをうむ動物は、メスの体内で一定の時期まで胎児を育ててから出産し、うまれてからも母乳で育てる。だから、こういう動物の場合、1匹しかうまなくても子孫を残すことができる。

　このような動物が子孫を残すしくみをおおまかにとらえられる学習にしたい。

3．ヒトのたんじょう

【目標】

ヒトは子どもを哺育して、子孫を残す。

(1) 誕生から今まで成長してきたが、体の成長には個人差がある。

(2) 私たちの体の中には、子孫を残すための生殖器官がある。

(3) 男の精子が女の体の中に入って卵と結合したときに、子どもができる。

(4) 子どもは母体の中で育ってうまれてくる。

【指導計画】　5時間

(1) わたしたちの成長 ……………… 1時間

(2) ヒトの体の器官 ……………… 1時間

(3) ヒトの生殖器官 ……………… 1時間

(4) ヒトの受精 ……………… 1時間

(5) 胎児の成長と誕生 ……………… 1時間

【学習の展開】

第1時　わたしたちの成長

ねらい　誕生から今日までずいぶん成長してきたが、
　　　　　体の成長には個人差がある。

準　備

教師用　・学校の健康診断表　・グラフ用紙

児童用　・子どもたち1人ひとりのうまれた時の身長と体重　※この授業に先だって
家庭に連絡して母子手帳で調べておく。難しい場合は無理に行わなくていい。

展　開

① 　今日から体の学習に入ることを話して、次の課題を出す。

課題①　わたしたちの体は、うまれてから今日までどれほど成長してきただろうか、
　　　　　調べてみよう。

② 　グラフ用紙と子ども1人ひとりの健康診断表を配って、自分がうまれた時、小学
　　校1年生から5年生までの身長と体重を、各自棒グラフで表す。（※うまれた時の
　　記録が調べられない場合は、新生児の平均的な身長50cm、体重3000gにする。）

③ 　友だちのうまれた時、1年生から5年生までの身長と体重の成長の様子を発表し合う。

④ 〈調べたこと・確かになったこと〉をノートに書き、何人か発表させる。

ノートに書かせたいこと

　うまれてから今まで、ずいぶん大きくなったことがわかった。うまれた時の身長は、だいたい 50cm で、体重は 3kg ぐらいだった。でも、今はずいぶん体の大きさに差がある。人によって成長のし方はさまざまだ。

第2時　ヒトの体の器官

ねらい　**私たちの体の中には、さまざまな器官がある。**

準備

教師用　・実物投影機（子どもが書いた図を拡大して見る装置）　・人体模型

児童用　・人体の輪郭を書いた図のプリント

展開

① 「みんなはうまれてから今までずいぶん大きくなってきたけれど、それはどうしてだろう」と質問して、話し合う。

・食べ物を食べたから。

・栄養をとったから。

② 次の課題を出す。

課題②　**私たちの体の中には、食べ物から栄養分をとる消化管がある。消化管はどんなつくりになっているだろう。**

③ 人体の輪郭を書いたプリントを配り、そこに〈自分の考え〉を図と文で書く。

④ 子どもが書いた図の中から特徴的なものを実物投影機を使って拡大して見せて、話し合う。

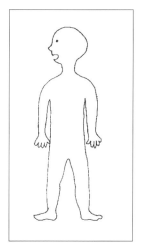

・口から入った食べ物が途中から体全体に広がってしまうと思う。

・口から来た管が途中からおしっことうんちの２本の管に分かれていると思う。

・口から肛門まで一本の管になっていると思う。

⑤ 〈人の意見を聞いて〉をノートに書き、何人か発表する。

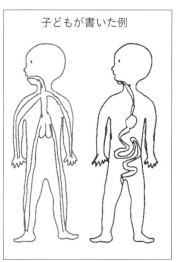
子どもが書いた例

⑥　人体模型を使って、消化管が「口→食道→胃→小腸→大腸→肛門」とひとつなが
　　りの管になっている様子を見せる。個々の消化器官の名前を教える。

⑦　「体のいろいろなはたらきをする部分を『器官』という。体の中には、他にどんな
　　器官があるだろう」と聞いて、知っていることを出し合う。

・呼吸をする肺や気管

・血液を送る心臓や血管

・おしっこをつくる腎臓や膀胱など。

⑧　〈調べたこと・確かになったこと〉をノートに書き、何人か発表させる。

ノートに書かせたいこと

　体の中には、胃、小腸、大腸、こう門と1つながりになった消化管があった。他に
も肺、心臓、じん臓など、いろいろなはたらきをしている器官があった。

第3時　ヒトの生殖器官

ねらい　私たちの体の中には、子孫を残すための生殖器官がある。

準備

児童用　・「ヒトの生殖器官」のプリント

展開

①　みんながこれまで栄養をとって成長してきたこと、やがて、大人になると子ども
　　をつくって子孫を残すことを話したあと、次の課題を出す。

課題③　わたしたちは、栄養をとって成長し、大人になると子どもをうんで子孫を残
す。ヒトの女と男の体の中
には、子孫を残すためのど
んな器官があるだろうか。

②　〈自分の考え〉をノート
　　に書いてから、話し合う。
　　意見が書けない子どもが
　　多い場合は、「魚のたんじ
　　ょう」の課題7「ウマの生
　　殖器官」のプリントを見る
　　ようにアドバイスする。

・人の体も動物と似ている
　かわからないので、見当が

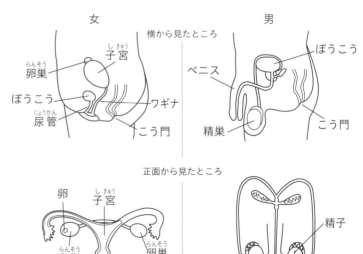

つかない。

・ほ乳動物と同じで、男には精巣、女には卵巣や子宮があると思う。

③ 〈人の意見を聞いて〉をノートに書き、何人か発表させる。

④ 「ヒトの生殖器官」のプリントを配って、女には卵をつくる卵巣、子どもを育てる子宮、子どもをうみ出すワギナがあり、男には精子をつくる精巣、精子を出すペニスがあることを確認する。ペニスは尿も出すが、尿と精子がまざらないしくみになっていることを話してもいい。

⑤ 〈調べたこと・確かになったこと〉をノートに書き、何人か発表させる。

ノートに書かせたいこと

女には卵巣があり、そこで卵がつくられていた。また、赤ちゃんを育てる子宮や赤ちゃんが出てくるワギナなど、前にほ乳動物で勉強したのと同じ生しょく器官があった。同じように、男には精子をつくる精巣と精子を出すペニスがあった。

第４時　ヒトの受精

ねらい　**男の精子が女の体の中に入り、卵と結合したときに、子どもができる。**

準　備

教師用　・NHK for School の動画「ヒトの受精」（１分49秒）

児童用　・「ヒトの受精」のプリント。

展　開

① 「ウマの受精」で勉強したように、ほ乳動物ではオスの精子とメスの卵がいっしょになって受精卵にならないと子どもはできないことを思い起こしながら、次の課題を出す。

課題④　**男の精子は女の体の中にどのようにして送り込んでいるだろう。**

② 〈自分の考え〉をノートに書いてから、話し合う。

・精子は男の口から空中を飛んで、女の口から入ると思う。

・消化管は生殖器官とつながっていないから、口から入らない。

・ほ乳動物が交尾して、精子と卵がいっしょになった。人でも同じだと思う。

・精子が卵と合体しないとだめだから、ペニスをワギナに入れて精子を送り込むと思う。

③ 〈人の意見を聞いて〉を書き、何人か発表する。

④ 「ヒトの受精」のプリントを配って読む。

ヒトの受精

　サケやカエルのような水中で生活する動物は、メスが卵をうむとオスが精子をかけて受精します（体外受精）。ニワトリのように陸上で生活する動物は、オスとメスがおしりをくっつけて交尾し、オスが精子をメスの体の中に送りこんで受精します（体内受精）。

　ほ乳動物のウマは、オスのペニスをメスのワギナに入れて精子をメスの体の中に送りこみ、卵と受精します（体内受精）。そして、受精卵は子宮で育てられ、ワギナを通ってうまれてきます。

　ヒトもほ乳動物なので、男のペニスを女のワギナに入れて精子を女の体の中に送りこみ、卵と受精します。ヒトの精子は1度に3億個も送りこまれ、精子は長い尾を動かしておよぎ、卵にたどりつこうとします。しかし、卵管の卵にたどりつくまでにほとんどの精子は死んでしまい、100個ほどの中の1つの精子だけが1つの卵と受精することができます。受精卵は子宮までおりてきて、子宮のかべにくっつき（着床）、胎児に育っていきます。

⑤　NHK for School の動画「ヒトの受精」を見る。

⑥　〈調べたこと・確かになったこと〉をノートに書き、何人か発表させる。

ノートに書かせたいこと

　ヒトもほ乳動物なので、「動物のはんしょく」で勉強したように男のペニスを女のワギナに入れて精子を送り込み、女の体の中で卵と結合して受精することがわかった。人の精子は1度に3億個も送られるのに、卵と結合するのはその中の1個だけというのでおどろいた。

第5時　胎児の成長と誕生

ねらい　子どもは、母体の中で育ってうまれてくる。

準備

教師用　NHK for School の動画

　　　　・「子宮で成長する赤ちゃん」（1分29秒）

　　　　・「赤ちゃんの誕生」（1分20秒）

児童用　・「胎児の成長」のプリント。「自分はうまれてすぐどのように栄養をとったか」を親から聞いて調べておく（事前に学級通信などでお願いしておく）。

展開

①　女の卵と男の精子が結合して受精卵ができたことを思い起こしながら、次の課題を出す。

課題⑤ 受精卵は、どのようにして栄養をとって、子どもに育ってうまれてくるの
だろう。

② 〈自分の考え〉をノートに書いてから、話し合う。

・お母さんの体の中でへそのおでつながっていて、栄養をもらって育ってうまれてく
ると思う。

・ウマなどもへそがあって、それで栄養をとっていたから、ヒトも同じだと思う。

③ 〈人の意見を聞いて〉を書き、何人か発表する。

④ 「胎児の成長」のプリントを配って読む。

※子宮内での胎児の成長の様子は、どの教科書にも詳しい図が載っているのでそれを
見ることでもいいが、受精卵が「へそのお」で胎盤とつながっていること、「へその
お」を通してお母さんから栄養や酸素をもらい、いらなくなったものや二酸化炭素
をお母さんに渡してすててもらっていることを確認する。

胎児の成長

よみもの

　精子と出会って受精した卵は、子宮のかべにくっついて（着床）、そこで胎盤とよばれるもの
をつくります。胎盤は受精卵が赤ちゃんに育つ間、お母さんの体から栄養や酸素をもらったり、
いらなくなったものや二酸化炭素をお母さんにわたしてすててもらうためのものです。

　胎盤は「へそのお」というパイプ（血管）で胎児（おなかの中の赤ちゃん）とつながってい
ます。

　着床してから約280日間、胎児は
お母さんのおなかの中で育てられま
す。胎児はお母さんのおなかの中で
羊水とよばれる水の中にうかんでい
ます。

　赤ちゃんがうまれる時、へそのお
と胎盤はもういらなくなるので、赤
ちゃんといっしょに子宮から出てき
ます。それを赤ちゃんの腹の近くで
切りとります。赤ちゃんについてい
るへそのおの残りは、しばらくする
と自然にとれ、そのとれたあとがへ
そになります。

へその緒

赤ちゃんのほうから見た
胎盤

胎児
（おなかの中の赤ちゃん）

この胎盤をとおして、
お母さんから栄養を
受けとり、いらなく
なった物をお母さんの
側にわたしている。

胎盤　へその緒

赤ちゃん側の
胎盤

お母さん側の
胎盤

⑤ NHK for School の動画「子宮で成長する赤ちゃん」「赤ちゃんの誕生」を見る。

⑥ 〈調べたこと・確かになったこと〉をノートに書き、何人か発表させる。

ノートに書かせたいこと

受精卵は子宮のかべにくっつき、たいばんができる。おなかの中の赤ちゃんは、へそのおを通してお母さんから栄養や酸素をもらって育ってうまれる。へそは、その時のへそのおのあとだった。へそのおから栄養や酸素を運ぶのは、やっぱり血液だった。

⑦ 「みんなはうまれてすぐどのように栄養をとったか」と聞いて、子どもたちが事前に親から聞いてきたことを発表する。うまれた赤ちゃんは、しばらくの間、母乳やミルクを使った調整乳を飲んで育ち、やがて離乳食を食べられるようになると固形物を食べて大きくなったことなどが話し合えるといい。

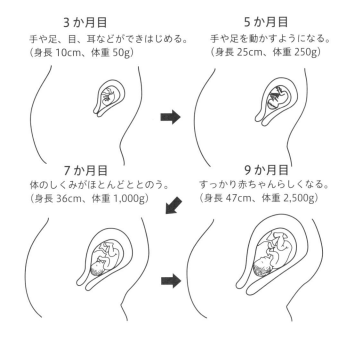

3か月目
手や足、目、耳などができはじめる。
（身長 10cm、体重 50g）

5か月目
手や足を動かすようになる。
（身長 25cm、体重 250g）

7か月目
体のしくみがほとんどととのう。
（身長 36cm、体重 1,000g）

9か月目
すっかり赤ちゃんらしくなる。
（身長 47cm、体重 2,500g）

⑧ 学習のまとめの「研究課題」として、「自分がうまれた時は、どんなだったろう」と聞いて、《自分がうまれたとき》の聞き取り作文を書く（これは、家庭状況の違いなどがある場合は無理にやらなくていい）。

単元について

「ヒトのたんじょう」ではほ乳動物の学習を土台に

これまで「魚のたんじょう」の単元で、動物の生殖器官について学習してきた。ヒトのたんじょうの学習をするうえで、これらは重要な土台となるものである。

子どもたちは、自分の体のしくみを知りたがっている。とくに第2次性徴期(せいちょう)にさしかかるこの時期の子どもたちは、自分自身の体の急激な変化が見られることもあって、体のしくみをきちんと学びたいと思っている。その一方で、ヒトの体のしくみ、とくに自分の体のことを話題にすることには恥ずかしさも手伝って、抵抗感をもっている場合も多い。

　そうした気持ちにも配慮しながら、ヒトも動物であり、ほ乳動物としてのしくみを
その体のなかにもっていることを生物学の視点から学ばせたい。そこで、この単元で
はこれまでの動物学習を基礎にして、ヒトの体を考える内容を組み立てていくことに
する。

　なお、本来であれば、ヒトの生殖器官について学習するためには、その前にヒトの
体全体について知ること、とくに「ヒトは食べ物を食べ、栄養をとって生きている」
という学習が必要である。例えば、胎児への栄養や酸素供給での血液のはたらき1つ
とっても、ヒトの体の消化、吸収、呼吸、循環などのしくみについて学んでおくこと
が必要である。しかし、教科書ではその内容は6年で学ぶことになっているので、本
書でもそれに従って消化、吸収、呼吸、循環などの内容は6年の巻に譲りたい。

4．天気の変化と台風

【目標】

雲が西から東へ移動することで天気が変化する。

・雲はたくさんの水蒸気が発生する場所でできやすい。

・日本の近くでは雲は西から東に動くことが多い。

・台風は南の海で発生し、日本の近くで西から東に動くことが多い。

【指導計画】　9時間

(1) 雲をつくるもの ………………………… 1時間

(2) 雲ができやすい温度 …………………… 1時間

(3) 雲ができやすい場所 …………………… 1時間

(4) 天気図・気象データ …………………… 1時間

(5) 高気圧や低気圧が進む向き …………… 1時間

(6) 明日の天気調べ ………………………… 1時間

(7) 台風ができやすい場所 ………………… 1時間

(8) 台風ができやすい時期 ………………… 1時間

(9) 台風の進路とその影響………………… 1時間

【事前準備】

　新聞に毎日掲載される天気図を使うことで天気の変化を探ることができる。新聞を購読する家庭が減っているが、複数日分集めさせておくといい。どうしても無い場合は、学校で手に入る新聞から切り取らせる。

【学習の展開】

第1時　雲をつくるもの

ねらい　雲は水の固体と液体でできている。

準 備

児童用　・読み物資料「雲ができるわけ」

展　開

①　天気のきまりの確認。

　天気の学習をすることを伝え、空を観察させる。今日の天気は何かと問い、4年生で学習した「空全体の雲の量が8割以下なら晴れ、雲の量が9割以上なら曇り、雨が降っていたら雨」というきまりであることを確認する。

②　課題を出す。

　天気は雲によって変わること、雲は水でできていることを確認し、課題を出す。

課題①　雲は水の固体・液体・気体どれでできているか。

③　〈自分の考え〉の発表・討論。

　意見分布をとり黒板に記録する。複数の考えがある子は複数答えてもいいことを伝える。わからない子には「見当がつかない」と書かせる。はじめに「見当がつかない」の考え、次に意見の少ない順に書いた考えを発表させる。

予想される考え

「気体」

　・液体や固体なら空に浮かんでいられない。

「液体」

　・飛行機で雲を通ったとき、窓が濡れていた。

　・高い所は寒いから、水蒸気が液体になっている。

「固体」

　・液体や気体だったら目に見えない。目に見えるなら固体。

「見当がつかない」

　・気体は目に見えないはずだけど、液体や固体が浮かんでいるのはおかしいからわからない

　出た考えについて、質問や意見を求める。子どもだけで議論がうまれないときは、「気体なら目に見えない、という意見があるけれどどう思う？」などと投げかける。

④　〈人の意見を聞いて〉を書く。

　友だちの意見や議論を聞いて、改めて課題についてどう思うのかを〈人の意見を聞いて〉として書かせる。意見を変えるのかどうかを書き、その理由を書かせる。誰のどんな意見を聞いてそう思ったのかを書けるといい。早く書けた子や、討論で出なかったが全体に広めたい意見は発表させる。

⑤　資料による確かめと記録。

「雲ができるわけ」

　空気中には、気体の水蒸気がふくまれています。水蒸気は気温が高いほどたくさんふくむことができます。水蒸気をたくさんふくんだ空気が上昇（じょうしょう）すると、上空は空気がうすいので膨張（ぼうちょう）して冷えます。そのため、冷えた空気は水蒸気をふくみきれなくなって、余分な水蒸気は液体の水や固体の氷に変わります。この時、空気中のチリなどのまわりに、水や氷の小さなつぶができ、それが雲になります。

　上昇気流（上向きの風）にのった雲がさらに冷え、ういていられないくらいの大きさの水や氷のつぶになると、下に落ちて雨や雪になります。

　読み物を読んで結果を確認する。わかったことをノートに記録させる。できるだけ具体的に書くようにし「授業を見ていない家の人が読んでもわかるように書こう」と声をかける。

ノートに書かせたいこと

　資料を読みました。そこには「雲は小さな水のつぶや氷のつぶでできています」と書いてありました。地面で蒸発した水が高い所に行って温度が下がり液体や固体のつぶになるそうです。雲が落ちてこないのは、上向きの風があるからだそうです。でもつぶが大きくなり風でささえられなくなると落ちてきて雨になるそうです。

⑥　つけたしの話　STEP UP

　雲には 10 種類あり、そのうち雨を降らせる雲は雲が厚い「積乱雲」や「乱層雲」という黒い雲であることを話す。厚い雲ができるには、多くの水蒸気が必要なことを話す。

第2時　雲ができやすい温度

ねらい　温度が高い方が水蒸気が多く発生し、雲ができやすい。

準　備
教師用　・ビーカー4つ　・お湯　・温度計

展　開
①　水を入れたビーカー、お湯（湯気が出ない程度）を入れたビーカーを見せる。両方のビーカーに空のビーカーをのせる動作を示しながら、課題を出す。課題についての〈自分の考え〉をノートに書かせる。

課題② 先にビーカーが曇るのはどちらか。

② 〈自分の考え〉の発表・討論。

意見分布をとり黒板に記録する。わからない子には「見当がつかない」と書かせる。はじめに「見当がつかない」の考え、次に意見の少ない順に書いた考えを発表させる。

予想される考え

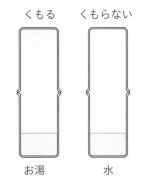

くもる　くもらない

お湯　　水

「水」

・冷たいときに水滴がつくから。

・温度が下がり、くもりができると学習した。

「お湯」

・温かい方が蒸発しやすい。

「見当がつかない」

・どちらも水があるからどちらもくもる気がする。

出た意見について、質問や意見を求め議論させる。子どもだけで議論がうまれないときは、「2つのビーカーの水の違うところは何？」などと投げかけ、温度を意識させる。

③〈人の意見を聞いて〉を書く。

④ 実験による確かめと記録

演示実験で確かめる。2つの温度をはかり逆さにしたビーカーを2つ同時にかぶせる。上のビーカーのどちらが早くくもるかを確かめる。しばらくすると、お湯を入れた方のビーカーの内側がくもってくる。

ノートに〈実験の方法・様子と結果〉〈確かになったこと〉を書かせる。

ノートに書かせたいこと

2つのビーカーに水とお湯を入れました。空のビーカーをさかさにしてかぶせて、少し待ちました。お湯を入れたビーカーの上が白くなって、くもりました。水を入れたビーカーは、ぜんぜんくもりませんでした。雲は、温度が高い方ができやすいことがわかりました。

第3時 雲ができやすい場所

ねらい 水を多く含む場所で水蒸気が発生し、雲ができやすい。

準備

教師用 ・ビーカー6つ ・砂場の砂 ・園芸用土 ・お湯を入れたバット

展開

① 課題を出す。

次の課題を出す。3つの異なる点は地面の様子だけであり、温度は同じ場合である（砂漠は温度が高いということではない）ことを伝える。課題についての〈自分の考え〉

をノートに書かせる。

課題③ 海・草地・砂漠のどこで雲ができやすいか。

② 〈自分の考え〉の発表・討論

意見分布をとり黒板に記録する。本時では、３つから選択することになる。わからない子には「見当がつかない」と書かせる。はじめに「見当がつかない」の考え、次に意見の少ない順に書いた考えを発表させる。

予想される考え

「**海**」・海に行ったとき、たくさん雲があった。

　　　・水がたくさんあるから蒸発して雲になる。

「**草地**」

　　・植物があって水がたくさんありそう。

「**見当がつかない**」

　　・場所のちがいで雲ができやすいかどうかわからない。

出た考えについて、質問や意見を求める。子どもだけで議論がうまれないときは、「水が多いから雲ができやすいと考えている人がいるがどう思う？」などと投げかける。

③ 〈人の意見を聞いて〉を書く。

④ 実験による確かめと記録。

演示実験で確かめる。温度が高い方が雲ができやすく結果が分かりやすいことから、バットにお湯（ビーカーの外側が曇らない程度）を入れる。３つのビーカーにそれぞれ、海に見立てた水、草地に見立てた園芸用土（畑の土）、砂漠に見立てた砂場の砂を入れる。逆さまにしたビーカーを３つのビーカーにそれぞれかぶせ、バットに入れる。かぶせたビーカーの内側が早くくもるものが雲ができやすいこととすることを伝え、お湯を入れたバットに浸す。水に入れたビーカーが最初にくもり、土を入れたビーカーは時間がたってくもり始める。砂を入れていたビーカーはまったくくもらない。

ノートに〈実験の方法・様子と結果〉〈確かになったこと〉を書かせる。

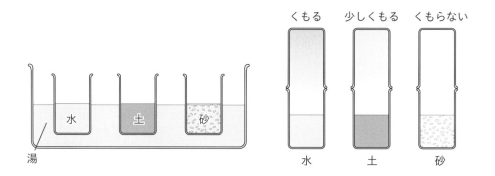

> **ノートに書かせたいこと**
>
> 　ビーカーに海の代わりに水、草地の代わりに畑の土、砂ばくの代わりに砂場の砂を入れました。もう一つビーカーを逆さまにかぶせ、お湯を入れたバットに入れておきました。すこしたつと水を入れたビーカーがくもってきました。時間がたってから土を入れたビーカーもすこしくもりました。砂を入れたビーカーは全然くもりませんでした。雲は水がたくさんある海でできやすいことがわかりました。

第4時　天気図・気象データ

ねらい　**天気図は天気を表す記号で情報を伝えている。**

準　備

児童用　・新聞の天気図（※なければインターネットで入手する）のコピー

展　開

① 　教科書の気象情報。

　教科書を見ながら、雲画像・アメダスでわかることを子どもとのやりとりで確認する。

・雲画像では、白く見える部分に雲がある。（天気は曇りや雨）

・雲画像の白くない部分は雲がない。（天気は晴れ）

・アメダスでは、実際に降った雨の量を色で区別している。

② 　新聞の天気図の気象情報。

　新聞の天気図を見て、気づいたことを発表させ、どんな情報を表しているか教える。

・天気記号（○快晴や◎曇りなど）でその場所の天気を表している。

・矢羽根のマークでその場所の風の向きと強さを表している。

・「低」や「高」は低気圧と高気圧。

・低気圧は周りより空気が薄く、風が吹き込んでくるため流れてきた空気が上に行き、上向きの風が起こる。地面の水蒸気が上空に行き冷えるので雲ができやすく、天気は曇りや雨が多い。

・高気圧は周りより空気が濃く、風がまわりに吹き出す。低気圧とは反対に下向きの風が起こる。地面の水蒸気が上空に向かわないため、雲ができにくく、天気は晴れが多い。

・半円や三角がつながった線がある。「前線」といい、温かい空気と冷たい空気がぶつかっている所を表している。4年で学習したように温かい空気は上に行くので、上向きの風が起こる。地面の水蒸気が上空に行き冷えるので雲ができやすく、天気は曇りや雨が多い。

　・時間があれば、ノートに今日調べたことを記録する。

第5時　高気圧や低気圧が進む向き

ねらい　高気圧や低気圧は偏西風の影響で西から東に動くことが多いため、日本の近くでは天気が西から東に変わることが多い。

準　備

児童用　・新聞の天気図のコピー　・読み物資料「天気が西から東に変わるのは」

展　開

① 作業課題を出す。

　　新聞の天気図の高気圧や低気圧には矢印が書かれているものがあり、その矢印は低気圧や高気圧が進む向きを表していることを教える。八方位を確認し、「→」であれば「西から東」に進んでいる、「↑」であれば「南から北」に進んでいることを確認する。次の作業課題を出し調べさせる。

【作業】　低気圧や高気圧が進む向きを調べなさい。

② データの集計とデータからわかること。

　　新聞の天気図を見て、各班で矢印をカウントさせる。結果を教師に報告させる。教師は報告されたデータを正の字で黒板に書いていく。「南西から北東」「西から東」「北西から南東」が多く、他の向きに進むものはわずかである。

　　「調べた結果から気がつくことはない？」と聞くと、「西から東に進むものが多い」という反応がある。低気圧や高気圧は西から東に進むことが多いことを確認する。低気圧があると曇りや雨、高気圧があると晴れになることが多いことから、低気圧や高気圧の移動とともに天気も西から東に変わることが多いことを確認する。

③ 〈今日調べたこと・見たこと・聞いたこと〉をノートに記録する。

ノートに書かせたいこと

　　天気図にある低（低気圧）と高（高気圧）がどの方角に進んでいるのか数えました。クラスで調べた合計を見ると、西から東に進むものがたくさんありました。低気圧や高気圧は西から東に進むことがわかりました。

　　低気圧があるときはくもりや雨、高気圧があるときは晴れになりやすいので、天気も西から東に変わっていくことがわかりました。

④ **つけたしの話** STEP UP!

　　読み物を配り読む。時間があればこのこともノートに書き加える。

「天気が西から東に変わるのは」

　地球は１日に１回コマのように回る「自転」をしています。地球の自転の影響を受けて、日本の上空付近では西から東に向かって「偏西風」という強い風の流れができます。この偏西風によって高気圧や低気圧が西から東へ動いていくのです。

　偏西風は上空の風の流れなので地上で感じることはできませんが、空をしばらく眺めていると雲が西から東に動いていく様子が観察できます。また、飛行機で移動すると東京から九州に飛ぶ（東から西に飛ぶ）ときには２時間弱の時間がかかるのにたいして、九州から東京に飛ぶ（西から東に飛ぶ）ときには１時間半程度の時間ですみます。これも飛行機が偏西風でじゃまされるか押してもらえるかの違いによるものです。

ノートに書かせたいこと

　資料を読みました。日本の近くでは「へん西風」という強い風がふいていて、そのえいきょうで天気が西から東に変わると書かれていました。

第６時　明日の天気調べ

ねらい　西の天気を知ることで明日の天気を予想することができる。

準　備
グループ用　・当日午前６時の天気図と 12 時間おきの過去の天気図を印刷したもの
　　　　　　　（気象庁データから）

展　開
①　課題を出す。

　自分たちが住んでいる地域の明日の朝の天気を考えることを伝える。何も情報が無いなかで考えることに難色を示すので、「どんな材料があれば考えられる？」と問い、天気図を配る。課題についての〈自分の考え〉をノートに書かせる。

課題④　明日の天気は晴れか、それとも曇りや雨か。
②　〈自分の考え〉の発表・討論。

　意見分布をとり黒板に記録する。本時では「晴れ」「曇りや雨」「見当がつかない」の考えとなる。はじめに「見当がつかない」の考え、次に少数意見から考えを発表させる。これまでに学習したことを使って考えている意見を中心に発表させる。

　出た考えについて、質問や意見を求め議論させる。子どもだけで議論がうまれないときは、「西の天気のことを考えていた人がいたがどう思う？」などと投げかける。
③　〈人の意見を聞いて〉を書く。

④　結果と記録。

※翌日になったら天気を確かめて、ノートに〈結果〉〈確かになったこと〉を書かせる。

┃ ノートに書かせたいこと ┃

　結果は晴れでした。西日本に高気圧があったので晴れると予想して当たりました。西の天気がわかれば、天気予報ができることがわかりました。

第7時　台風ができやすい場所
※この学習は台風が日本に接近してくる時期に行うといい。

┃ ねらい ┃　**台風は水蒸気が発生しやすい暖かい海で多くできる。**

┃ 準　備 ┃

教師用　・台風の上空からの写真（教科書より）　・地球儀
　　　　・NHK for School コンテンツ
　　　　「台風のでき方」（44秒）、「台風はどこから」（1分05秒）
　　　　・気象衛星ひまわり全球水蒸気画像（YouTube より）

┃ 展　開 ┃

①教科書の台風の画像を見せる。「台風は何色に見えるか？」と問い、「白く見える」と答えさせる。「白く見えるものは何か？」と問い、雲でできていることを答えさせる。低気圧の規模の大きなもの（水蒸気からエネルギーを得ているもの）を台風とよんでいて、低気圧であるため雲のかたまりであることを教え、次の課題を出す。課題についての〈自分の考え〉をノートに書かせる。

┃ 課題⑤ ┃　**台風は地球のどこでできやすいか。**

　地球儀を見せ、「冷たい海（オホーツク海あたり）」「冷たい陸地（ロシアのあたり）」「暖かい海（太平洋のあたり）」「暖かい陸地（インドのあたり）」を示しながら、4択で答えるよう説明する。

②〈自分の考え〉の発表・討論。

　意見分布をとり黒板に記録する。はじめに「見当がつかない」の考え、次に少数意見から考えを発表させる。

┃ 予想される考え ┃

「暖かい海」
　・温度が高い方が水は蒸発するし、海には水がたくさんある。
　・南にある沖縄に台風がよくくるとニュースで聞いた。

「冷たい海」
　・雲ができるには温度が下がらないとできない。

「見当がつかない」

・台風は南からくるように思うけど、海か陸かわからない。

出た考えについて、質問や意見を求め議論させる。子どもだけで議論がうまれないときは、生活経験からの考えについてどう思うか投げかける。

③　資料による確かめと記録。

映像で確認する。宇宙から地球を撮影し、画像をつないで動画にした映像を見ると、台風の発生箇所が赤道近くの太平洋であることがわかる。赤道付近の海でできる雲を見ていると、渦を巻いていく雲が複数観察できる。

ノートに〈資料の内容と結果〉〈確かになったこと〉を書かせる。

太平洋上の台風

ノートに書かせたいこと

映像を見て確かめました。台風は南の暖かい海でできることがわかりました。白い雲がたくさんできていて、そのうちうずを巻いた雲ができて台風になっていくことがわかりました。

暖かい海ではたくさん水蒸気が蒸発するので、雲ができ台風になりやすいことがわかりました。

第8時　台風ができやすい時期

ねらい　台風は海水の温度が高い8月頃多く発生する。

準備

グループ用　・最近10年間の台風の発生数の資料（次ページ）

展開

①　課題を出す。

台風が暖かい海でできることはわかったが台風ができやすい時期はいつかと問い、次の課題を出す。課題についての〈自分の考え〉をノートに書かせる。

○月〜○月と複数の月を答えようとする子がいるが、意見の把握が難しいためひと月にしぼるよう説明する。

課題⑥　台風ができやすい月は何月か。

②　〈自分の考え〉の発表・討論。

意見分布をとり黒板に記録する。はじめに「見当がつかない」の考え、次に少数意見から考えを発表させる。

「8月」

・一年で1番暑いから、水もたくさん蒸発して台風ができる。8月に台風のニュースをよく聞いた。

「9月」

・9月頃に台風が被害を出しているというニュースをよく聞く。

「見当がつかない」

・8月〜10月頃に台風が多いように思うが、1つにしぼれない。

　出た考えについて、質問や意見を求め議論させる。子どもだけで議論がうまれないときは、「8月は暑いという考えについてどう思う？」「9月に台風のニュースをよく聞いたという人は他にいない？」などと投げかける。

③　資料による確かめと記録。

　資料で確認する。10年分の月別の台風の発生件数を見ると、8・9月が多いことがわかる。海水の温度が高く発生する水蒸気が多いことが台風の発生件数に関係していることを確認する。

資料　最近10年間の台風発生数（気象庁「台風の統計資料」より）

年	1月	2月	3月	4月	5月	6月	7月	8月	9月	10月	11月	12月	年間
2018	1	1	1			4	5	9	4	1	3		29
2017				1		1	8	5	4	3	3	2	27
2016							4	7	7	4	3	1	26
2015	1	1	2	1	2	2	3	4	5	4	1	1	27
2014	2	1		2			2	5	1	5	2	1	23
2013	1	1				4	3	6	7	7	2		31
2012			1		1	4	4	5	3	5	1	1	25
2011					2	3	4	3	7	1		1	21
2010			1				2	5	4	2			14
2009					2	2	2	5	7	3	1		22

　ノートに〈資料の内容と結果〉〈確かになったこと〉を書かせる。

　資料をもらいました。10年分の台風の発生件数でした。1年に台風は20〜30個できていました。月別に足してみると9月が多く、次に8月7月の順でした。

　暖かくて水がたくさん蒸発する時期に台風ができやすいことがわかりました。

④　つけたしの話　STEP UP!

　9月に台風のニュースをよく聞くのは、台風の進路が月によってすこしずつ異なり、8月より9月の方が日本に近づくことが多くなるためであることを話す。(台風の進路については次時にとり上げる。)

第9時　台風の進路とその影響

ねらい　台風は日本に近づくと西から東に移動することが多い。
台風が近づいた地域では大雨や強風などにより被害が出ることがある。

準　備

教師用　・NHK for School

　　　　「台風の通り道」(35秒)、「台風の動きとひ害」(1分04秒) など

　　　　・教科書の気象情報　・教科書の災害写真

展　開

①　台風の進路。

　台風が日本付近でどのように進むのか、映像「台風の通り道」で確認する。

　進路がある程度決まっていることから、進路を予想することで台風に備えることができることを説明し、教科書をもとに台風の気象情報(予報円・強風域・暴風域など)の見方を話す。

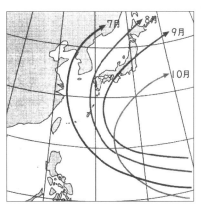

月ごとの台風の主な進路

・予報円は台風の中心が動いてくることが予想される範囲。

・強風域は風速15m以上の範囲。

・暴風域は風速25m以上の範囲。

②　台風の影響。

　台風が近づくと大雨や強風の影響があることを確認し、教科書の気象情報にある風速や雨量がどの程度なのかイメージをもたせる。大雨や強風の程度によっては浸水や

土石流、物が飛ばされるなどの被害が大きくなることを理解させる。

参考 **風速を時速に直して考える**

　風の速さは秒速○ m で表現される。子どもにはこの表現は一般的でなく、イメージしにくい。子どもが移動で使用する車や電車・新幹線など乗り物で使用する時速（○ km/ 時）であれば、日常的に体感し耳にするものであり、風の速さがどの程度か想像できる。

　風速 30m/ 秒で考えてみる。秒速を分速に直すため ×60 とすると 1800m/ 分となる。時速にするためさらに ×60 をすると、108000m/ 時となる。m を km に直すため ÷1000 をすると、時速 108km/ 時となる。高速道路でスピードを出して走行している車が受けている風の速さと同じということになる。屋根なしの車で高速道路を走るとどうなるか。風速 30m/ 秒がどれほど強い風かイメージできる。

　さらに、風速 60m/ 秒で考えると、時速は 216km/ 時である。高速鉄道に屋根なしで乗ると考えると恐ろしい状況だろう。

単元について

「天気の変化と台風」では気象情報が読み取れる学習を

　いま子どもたちの生活にはさまざまな気象情報があふれている。テレビでは、毎日アメダスや気象衛星からの情報を映像にしてリアルタイムで流している。それだけ子どもたちにとって身近な気象と気象情報とが結びついてとらえられているかというと、必ずしもそうではない。教科書によっては、季節風、雲の種類などについて記述しているものもあるが、そういった「現象」と「情報」とを結びつける「知識」がきちんと身に付けられる学習にしたい。

5．流れる水のはたらき

【目標】

土地の高低差は川をつくり、川は地形を変える。

・水は高い所から低い所へ流れ、川をつくる。

・川の流れが速いと土地を削って運ぶ。

・川の流れがゆるやかだと運んだ土砂を積もらせる。

【指導計画】　11 時間

（1）土砂の粒度による分類 ……………………………………… 1 時間
（2）川のモデル実験 ……………………………………………… 1 時間
（3）校庭に流れる川 ……………………………………………… 1 時間
（4）日本の川調べ ………………………………………………… 1 時間
（5）地域の地形と川 ……………………………………………… 1 時間
（6）大雨時の川の様子 …………………………………………… 1 時間
（7）川岸にある巨れき …………………………………………… 1 時間
（8）川が土地を削ることでできる地形 ………………………… 1 時間
（9）川で運ばれるれきの変化 …………………………………… 1 時間
（10）川が土砂を積もらせることでできる地形 ………………… 1 時間
（11）海まで運ばれる土砂 ………………………………………… 1 時間

【学習の展開】

第１時　土砂の粒度による分類

ねらい 土砂は粒度によってれき・砂・泥に分けられる。

準 備

教師用　・砂場の土砂（れきを混ぜておく）

　　　　・あらかじめ分けておいたれき、砂、泥　（※れきと砂は水で一度洗って乾かしておく）　・透明で口が広いビン（ビーカーでもいい）

グループ用　・ふるい（あみ目が 2 mm のものと 1/16 mm のもの）1 つずつ
　　　　　※教材会社で購入可能。2 mm のふるいがなければ、園芸用の網で代用可能、1/16 mm のふるいがなければ、不織布のお茶パックで代用する。
　　　　・おぼんやバットなどの容器（3 枚）

〈土砂のふるい分けのポイント〉

　ふるいを使用して分ける場合は意識しなくてもいいが、不織布のパックを使用する際はやり方によっては、穴が大きくなり砂が多く落ちることがある。不織布の穴を広げないようパックでバットを軽くたたく、空中で優しく振るなど、気をつけて分けるようにする。

展　開

① 土地を構成する物を表す用語の説明をする。

　砂場の砂を見せる。「みんなはこれを何とよんでいる？」と聞くと「砂」と答える。「みんなが砂や石と呼んでいるものは、科学の世界では大きさによって名前を分けている。2mm よりも大きい物を『れき』とよび、1/16mm よりも小さい物を『泥』とよび、れきと泥の間の大きさの物を『砂』とよぶ。『れき』や『砂』や『泥』が混ざった物や、区別せずに指すときは『土砂』とよぶ。」と説明する。

② 土砂のふるい分けをする。

　「今日はこの砂場の土砂を『れき』と『砂』と『泥』とに分けてもらいたい。」と話すと「えーっ。」との声があがる。「大変だよ。」「時間がかかるよ。」といった声があがったら、「どうしたら簡単に大きさごとに分けることができる？」と聞く。

　「網をつかう。」「ふるいをつかう。」との考えが出されたら、具体的にどう操作するのか確認し、2mm の網でふるいにかけるとれきが網の上に残り、砂と泥は網から落ちることを確認する。砂と泥はどうやって分けるかを問い、1/16 mm の網でふるいにかけると砂が網の上に残り、泥は網から落ちることを確認する。

　道具を準備させ、砂場の土砂をれき、砂、泥に分けさせる。

　作業が終わったら、今日やったことや聞いたこと、見たことを日記のように記録しよう、と伝える。できるだけ具体的に書くようにし「授業を見ていない家の人が読んでもわかるように書こう」と声をかける。10 分程度書く時間を確保する。

ノートに書かせたいこと

　今日、先生が砂場の砂を持ってきました。いつも砂とよんでいたけど、つぶの大きさによって名前がちがうそうです。2mm より大きい物は「れき」といい、1/16 mm より小さい物は「どろ」といい、その間の大きさの物は「砂」というそうです。いままで砂とよんでいたようなものはこれから「土砂」とよぶと習いました。

　先生が「土砂をれき・砂・どろに分けて」と言ったので、そんなの無理だと思っていたら、〇〇君が「ふるいをつかう」と言いました。2mm のあみを使うと、あみの上にれきが残ります。落ちた物を 1/16 mm のあみに入れると、どろが下に落ちてきて砂があみの上に残ります。班にもどって、分けました。どろはなかなか落ちてこなくて集めるのが大変でした。分けた土砂をさわると、れきはごつごつして、砂はざらざらして、どろはさらさらというかふわふわしていました。

③　れき、砂、泥が水と混ざったときの様子の説明をする

　　れき、砂、泥をそれぞれ水に入れるとどう変化するか（沈む速さ、にごり方）を簡単に予想させる。入れて水がにごるのは泥であり、水がにごっているということは泥が混ざっていることを説明する。ノートに追加して記録する。

ノートに書かせたいこと

> 最後に先生が土砂を水に入れました。れきと砂はにごらなかったけど、どろを入れると水が茶色ににごりました。

第2時　川のモデル実験

ねらい　**山、平野、海に水が流れたときの土地の変化がわかる。**

準　備

※畑などに、山と海をつくる。山と海との間には平野もつくる。

教師用　・シャワー付きのホース（ホースにシャワーがついていない場合はじょうろ）
　　　　・ビニールシート（海をつくるため）
児童用　・ワークシート「山に大雨が降った時の様子」（⇨ p.113 参照）

展　開

①　モデルの説明。

　　山と平野と海とをつくった場所に移動し、山のモデル・平野のモデル・海のモデルであることを説明する。山は土砂で出っ張っている部分、平野は平らな部分・山と平野の間はその境を指すことを教える。ホースでシャワー状の水を流し、これは山に大雨が降っているモデルであることを説明する。

②　作業課題を出す。

【作業】山に水が流れたときの様子を調べなさい。

　　教師による演示で実験する。実際に水を流し、山と平野と海で起こる変化をワークシートに記録させる。

　　山の高さが半分ほどになったところで、一度実験を止め記録を進める。観察結果を発表させる。水が流れている所を川とよぶことを教える。

　　山では、川の流れる速さが速く、流れる幅は狭い。水が流れた土地は削られていることを確認する。また、山頂からふもとに向かって一直線に近い流れ方をしていることを確認する。

　　山と平野の間では、川の流れる速さはゆるやかになり、流れる幅が広くなる。水が流れた土地には土砂が積もっていることを確認する。また、山とは違い流れる向きは一定ではなく、左右に流れを変えていることを確認する。

平野では、川の流れる速さはさらにゆるやかになり、流れる幅はより広くなり蛇行していることを確認する。

実験前に透明だった海は実験後にごっている。「にごっているということは、何が海に運ばれた？」と問い、泥が海まで達したことを確認する。さらに「『れき』や『砂』は海まで運ばれた？」と問い、れきや砂の多くは山と平野の間か平野で止まっていることを確認する。

流れる水が土砂を削るはたらきを「浸食」といい、土砂を運ぶはたらきを「運搬」といい、積もらせるはたらきを「堆積」とよぶことを教える。

観察結果を発表した後、山を整え再度水を流し確認させる。

③　ワークシートに記録する。

ワークシートの〈わかったこと〉に今日わかったことを記述させる。書き終わった子から、書いたことを読んで提出する。

ワークシートに書かせたいこと

山では川の流れが速く、山がけずられました。けずられた土砂は平野に行くとゆっくりになってどんどんたまっていきました。

第3時　校庭に流れる川　※できれば雨天時に行いたい

ねらい　校庭でもわずかに高い所から低い所に水が流れて川をつくる。

準　備

教師用　・（あれば）雨が多く降った日の校庭の映像

　　　　・（雨が降っていない場合）ホースとジョウロ

展　開

①　課題を出す。

「校庭には山がある？」と問い、校庭には山がないことを確認する（築山などある場合は、トラックなど走ったり球技をしたりする場所を指すことを伝える）。次の課題を出し、課題についての〈自分の考え〉をノートに書かせる。

課題①　山がない校庭でも川ができるか。

課題についての結論を書いた後、そう考えた理由を書かせる。わからない、迷っている場合は「見当がつかない」という考えを書いてもいいことを伝える。

教師は子どもがどんな考えをしているのか見て回り、後の議論で出させたい意見を確認しておく。

② 〈自分の考え〉の発表・討論。

　意見分布をとり黒板に記録する。本時では「できる」「できない」「見当がつかない」のいずれかになる。はじめに「見当がつかない」の考え、次に意見の少ない順に書いた考えを発表させる。

予想される考え

「できる」

・校庭にもちょっとは高い所と低い所があるから、低い所に水が流れて川ができる。

・大雨が降ったときに校庭を見たら、川のようなものができているのを見たことがある。

「できない」

・校庭には山がないから、砂場の実験のように水は流れていかない。校庭の雨水がなくなるのは、地面に水がしみこむから。

「見当がつかない」

・山がないから水が流れないかもしれないけど、ちょっとでも低い所があれば川ができるかもしれない。

　出た考えについて、質問や意見を求め議論させる。子どもだけで議論がうまれないときは、「校庭にも高い所と低い所がある、という意見が出ているがどう思う？」と投げかける。

③ 〈人の意見を聞いて〉を書く。

　友だちの意見や議論を聞いて、改めて課題についてどう思うのかを〈人の意見を聞いて〉として書かせる。意見を変えるのかどうかを書き、その理由を書かせる。だれのどんな意見を聞いてそう思ったのか書けるといい。早く書けた子や、討論で出なかったが全体に広めたい意見は発表させる。

④ 実験による確かめと記録。

　雨の降る校庭に出て川があるか確かめる。雨が降っていない場合は、ホースで水を流しっぱなしにしたり、雨の日の写真を見たりして確認する。「どこからどこに流れているのか？」と問い、「高い所から低い所に流れる」という意見を引き出す。

　教室に戻り、〈観察の様子と結果〉〈確かになったこと〉を書かせる。

ノートに書かせたいこと

　校庭に出て川があるか調べました。水が集まって流れる部分がありました。トラックの方から校庭のはしに向けて流れていました。時々砂も流されていました。

　このことから、校庭には少し高い所と低い所があり、低い所に水が流れていくので川ができるということがわかりました。

第4時　日本の川調べ

ねらい　日本の川の多くは、山地から始まり平野を通って海に流れている。

準　備

児童用　・社会科の地図帳　・日本の白地図（主な河川が書かれたもの　⇨ p.115 参照）

　　　　・日本の白地図（主な山地と平野が書かれたもの　⇨ p.116 参照）　・色絵筆

展　開

① 日本の主な河川（白地図の色塗り1　⇨ p.115）

　視野を広げて、日本の川を見ていくことを伝える。

　川の白地図を配り、「何が書かれたいる地図だと思うか？」と問う。日本の主な川であることを教え、青の色鉛筆で川をなぞるよう指示する。

【作業】日本の白地図に、主な川を書き込みなさい。

　作業は川が流れる向きに沿ってなぞらせ、海からなぞっている子がいた場合は、「川が海から流れるように書いている人がいるが、みんなはどう思う？」と投げかけ、海は一番低いから陸から海に向かって流れることに気づかせる。

　早く終わった子には、地図帳を見ながら河川名を脇に書くよう指示する。

② 日本の主な山地と平野（白地図の色塗り2　⇨ p.116）

　再び白地図を配り、「何が書かれている地図だと思うか？」と問う。日本の主な山地と平野の境が書かれていることを教え、山地は茶色、平野は緑で色ぬりをさせる。

【作業】日本の白地図に、主な山地と平野をぬりなさい。

　地図帳を見ながら、どこが山地かどこが平野かを調べさせて作業させる。早く終わった子には平野名を書かせる。

③ 川と山地・平野との関係。

　2枚の地図を重ねさせ、質問をする。

【質問】川をかいた地図と、山地や平野をぬった地図を重ねるとどんなことに気づくか。

　川が山地を通って、その後平野を通って海に流れていることに気づく。ノートに今日やったことや聞いたこと、見たことを書かせる。

ノートに書かせたいこと

　今日は地図に色をぬりました。はじめは川がかいてある地図でした。青でなぞっていくと、川は必ず海につながっていることがわかりました。次は、さかいめの線がかいている地図でした。このさかいめは山地と平野のさかいめだそうです。地図帳を見て色をぬりました。

　最後に2つの地図を重ねました。すると、川は平野を通っていました。今日の勉強で、川は山地から始まり、平野を通り、海で終わることがわかりました。

第5時　地域の地形と川

※ここでは、例として埼玉県を横断して流れる「荒川」をとり上げるが、地域に流れる河川を教材とする。教材や準備物も地域の地形に合わせる。

ねらい　※埼玉県で実施する場合の例（地域に合わせる）

埼玉県の西部は山地があり、標高の低い東部の平野に向けて荒川が流れている。

荒川の上流である山地では川の流れは速く、下流である平野では川の流れはゆるやかである。

準　備

教師用　・埼玉県の立体地図（4年生の社会科の学習でつかう教具として販売されているものでもいい）

　　　　・映像資料「探勝日本の川をゆく　第4巻［利根川・荒川・多摩川・相模川・信濃川］」または、NHK for School「川の上流～下流」（1分41秒）など（※全部でなく一部を使用し、アナウンスはオフにして不要な情報は与えないようにする）

児童用　・ワークシート「川の様子」（⇨ p.114 参照）

展　開

①　地形（4年生の社会）の復習。

　4年生の社会科で、県内の地形の学習をしているが、あまり記憶に残っていない子も多いため、覚えている地形の名前（山地と平野・丘陵・盆地など）とその特徴を、子どもとやりとりしながら確認する。

②　居住県の地形の特徴。

　立体地形図を見せ、「私たちが住む県の地形にはどんな特徴があるだろう？」と質問する。（①の復習で標高の話が出ていない場合は、「色の違いは何の違い？」と問い、土地の高さの違いを色で表していることを教える）

【質問】（埼玉県の立体模型から）埼玉県の

　土地の様子にはどんな特徴があるか。

　西には山地が多く、東には平野がひろがっていることを確認する。

③　居住県の川の特徴。

　（埼玉県を流れている）川を探すよう指示する（利根川や荒川を見つける）。

　「荒川はどの方位からどの方位に向かっ

て流れている？」と問い西から東に向かって流れていることを確認する。「どうして西から東に流れるの？」と問い、土地が西は高く東は低いからであることを引き出す。

さらに、「荒川は西から東に流れているが、（県央部で）矢印のように大きく南にカーブして流れているのはどうして？」と問い、荒川の東に大霧山（767 m）などの山地があるため、より低い北の長瀞町や寄居町を流れていることを引き出す。

④　川の流れの様子。

映像資料を見せ、川の様子をワークシートに記録するよう指示する。

【作業】（荒川のビデオから）荒川の様子を調べなさい。

川のうち、山地を流れる部分を「上流」、平野を流れる部分を「下流」、山地と平野の間を流れる部分を「中流」とよぶことを教える。

映像のアナウンスには余分な情報も多いため、音声はオフにして教師が説明するようにする。また、映像は流しっぱなしにせず見せるべき部分（川の様子がわかる部分）を選んで見せるようにする。

第6時　大雨時の川の様子

ねらい　**大雨がふると、川の水かさが増し速い流れとなる。川は流れた土地を削り、土砂や樹木を運び、にごっている。**

準　備

教師用　・平時の河川の写真

　　　　・大雨の際の河川の映像（NHK for School「土地をけずる川」（42秒）など）

展　開

①　課題を出す。

川の写真を見せ、普段の川の様子であることを伝える。次の課題を出し、課題についての〈自分の考え〉をノートに書かせる。

課題②　**大雨が降った後の川にはどんな変化があるか。**

②　〈自分の考え〉の発表・討論。

この課題では出される考えがはっきり決まらないが、子どものこれまでの経験から「水かさが増える」「流れが速くなる」「色がにごる」などの考えが出る。はじめに「見当がつかない」の考えを聞き、次にどんな変化があると思ったのか考えを発表させる。

複数答えたい子もいるため、いくつかある場合は複数書いていいこととする。

予想される考え

「水かさがふえる」

　・普段より雨が多く降ると、川の水も多くなる。大雨のとき川を見たら、いつもの倍くらい高い所まで流れていた。

「流れが速くなる」

・大雨の時、木の枝がすごいスピードで流れていた。

「色がにごる」

・いつも透明な川が、大雨の時は茶色くなっていた。

出た考えについて、質問や意見を求める。議論にはならないが、それぞれの考えが確からしいことを確認する。「色がにごる」ことについては、「にごっているということは、何が混ざっている？」と問い、泥が混ざっていることを確認する。また、その泥はどこから来たのかを問うことで、上流の土地が削られていることにも気づかせる。

③ 〈人の意見を聞いて〉を書く。

④ 資料による確かめと記録。

NHK for School「土地をけずる川」ほか、ニュースやYouTube などの増水した川の映像を見せる。特に、増水した川が川岸などを削っている様子を見せられるといい。

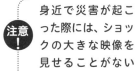

注意！ 身近で災害が起こった際には、ショックの大きな映像を見せることがないよう配慮する。

ノートに〈資料の内容と結果〉〈確かになったこと〉を書かせる。

ノートに書かせたいこと

映像を見ました。大雨で川の水かさが多くなっていました。川の水は茶色くにごっていました。川が流れて周りの土砂をけずり、道路や木が壊れたり倒れたりしていました。

大雨が降ると、川のいきおいが増し、周りの物をどんどんおし流すことがわかりました。

第７時　川岸にある巨れき

ねらい 　速い川の流れは巨大なれきも下流へと運ぶ。

準 備

教師用 ・川岸にある巨れきの写真（上流から中流にかけて存在することが多い）

・土石流の映像（「土砂災害映像ライブラリ」国土交通省・国土保全局砂防部）（または NHK for School「雲仙の土石流」（１分44秒）など）

展 開

① 課題を出す。

巨れきの写真を見せる。上流に近い中流の川岸にある巨大なれきであることを伝える。次の課題を出し、課題についての〈自分の考え〉をノートに書かせる。

課題③ （写真を見て）この巨れきも川に運ばれたのか。

② 〈自分の考え〉の発表・討論。

意見分布をとり黒板に記録する。この課題では「川に運ばれた」「川に運ばれていな

い」「見当がつかない」のいずれかになる。
はじめに「見当がつかない」の考え、次に
意見の少ない順に書いた考えを発表させる。

大水で流された巨大なれき

予想される考え

「川に運ばれた」

・大雨で流れが速くなれば大きなれきも
流れるかもしれない。

・洪水になると、いろんな物を流してし
まうから、れきも流れる。

「川に運ばれていない」

・こんなに大きなれきは重すぎて水では運べない。

「見当がつかない」

・すごい雨が降れば流れるかもしれないけど、こんなに大きな物は流されない気も
する。

　出た考えについて、質問や意見を求め議論させる。子どもだけで議論がうまれない
ときは、「大雨で流れが速くなると大きな物も流されるかもしれない、という意見が出
ているがどう思う？」と投げかける。増水時の流れの強さがどれほどなのかを議論の
柱とする。

③　〈人の意見を聞いて〉を書く。

④　資料による確かめと記録。

　NHK for School「雲仙の土石流」ほか、「土砂災害映像ライブラリ」での土石流の
映像を見せる。巨大なれきが軽々と流されていく様子を確認する。

　ノートに〈資料の内容と結果〉〈確かになったこと〉を書かせる。

ノートに書かせたいこと

　映像を見ました。雨が降っていて、河原には大きなれきがたくさんありました。し
ばらくすると、山の上から大水といっしょにきょ大なれきも流れてきました。大きな
水しぶきをあげてれきが流れました。

　このことから、大雨で流れが速くなった川のいきおいは、何mもあるきょ大なれき
も流すことができることがわかりました。

第８時　川が土地を削ることでできる地形

ねらい　川の削るはたらき、運ぶはたらきによって谷ができる。

準 備

教師用　・Ｖ字谷の写真（Google Earth などで表示）

　　　　　※ホームページ「Google Earth で見る地図教材のページ」などを利用）

　　　　・Ｖ字谷のでき方がわかる資料や映像（NHK for School「Ｖ字谷のでき方」
　　　　　（40 秒）など）

　　　　・流水実験装置（土砂で山をつくって水を流す）　・洗びん

展 開

①　課題を出す。

　Ｖ字谷の写真を見せる。谷の底には川が流れていることを伝える。次の課題を出し、課題についての〈自分の考え〉をノートに書かせる。

課題④　（写真を見て）この谷も川のはたらきでできたものか。

②　〈自分の考え〉の発表・討論。

　意見分布をとり黒板に記録する。この課題では「川のはたらきでできた」「川のはたらきでできていない」「見当がつかない」のいずれかになる。はじめに「見当がつかない」の考え、次に意見の少ない順に書いた考えを発表させる。

Ｖ字谷の底を川が流れる

予想される考え

「川のはたらきでできた」

・巨れきも流してしまうほどの流れなら、山も削ってしまうかもしれない。

・砂山での実験の時、山に川が流れるとどんどん谷ができていたから。

「川のはたらきでできていない」

・もともと谷だったところに川が流れているだけ。こんなに削ったら、その土砂で川が埋まってしまう。

「見当がつかない」

・何度も洪水がおきてできるかもしれないけど、こんな大きな谷はできない。

　出た考えについて、質問や意見を求め議論させる。子どもだけで議論がうまれないときは、「砂山での実験から考えている人がいたけれど、思い出してどう思う？」と投げかける。上流部は流れが速いことも引き出せるといい。

③　〈人の意見を聞いて〉を書く。

④　資料による確かめと記録。

　NHK for School「Ｖ字谷のでき方」の映像を見せる。「一度の大雨でできたの？」

と問い、何度も土石流などが繰り返されて長い時間をかけて谷になったことを教える。

流水実験装置に山をつくっておき、水を流す。山の川底がどんどん削られて谷が深くなっている様子を見せる（演示実験）。

ノートに〈資料の内容と結果〉〈確かになったこと〉を書かせる。

V字谷と流水実験の写真

ノートに書かせたいこと

映像を見ました。山にある川が流れると、川の両側がけずられることをくり返し谷ができるそうです。実際に土砂でつくった山に水を流すと、山がどんどんけずられ谷が深くなっていきました。

このことから、V字谷は川がくり返しけずることでできたことがわかりました。

第9時　川で運ばれるれきの変化

ねらい　**れきは流されながら削られ、小さな砂や泥に変わっていく。**

準備

グループ用　・ペットボトル（口が大きい方がいい）

　　　　　　・岩石（できた年代が若い、硬くない物がいい）ない場合はレンガをたがねで割った物（ペットボトルの口に入るサイズ）をペットボトル1本につき8こほど　・おぼん

展開

① 作業を指示する。

岩石や割ったレンガのかけらを見せる。「形で気がつくことは？」と問い、角張っていることなどを引き出す。このレンガは土砂崩れで川岸に落ちてきたれきのモデルであることを伝え、土砂崩れのあとのれきが川で流されていくと、どんな変化があるのか調べることを話す。

【作業】流され続けることで、れきがどう変化するか調べなさい。

1人1つのレンガのかけら（れき）を簡単にスケッチさせる（実物大）。その後、ペットボトルにレンガを8こほど入れ、水を半分ほど入れさせる。

1人500回ペットボトルを振る。「振るという作業は何を表している？」と聞き、「れきが川底を転がって流れている様子」であることを確認する。

② 実験・観察と発表。

合計2000回ほど振ったら、ペットボトルの中身をすべておぼんの上に出す。振る前と比べ、どんな変化があったのか発表させる（最初のレンガのかけらのスケッチと

比べさせる）。

　変化したことの発表をさせ、「どうしてそうなったの？」と問う。例えば、「水が濁ったのはどうして？」と問い、「泥ができて水に混ざったから」という意見を引き出す。また、「ごつごつしていたかけらが丸くなったのはどうして？」と問い、「流れるうちに、他のれきなどにぶつかってけずられたから」という意見を引き出す。

③　〈今日したこと・見たこと・聞いたこと〉をノートに記録する。

　今日やったことや聞いたこと、見たことを日記のように記録しよう、と伝える。できるだけ具体的に書くようにし「授業を見ていない家の人が読んでもわかるように書こう」と声をかける。

▌ノートに書かせたいこと▐

　今日はペットボトルにレンガと水を入れてふりました。はじめにもらったレンガはごつごつしていました。長さは４ｃｍでした。レンガはくずれてきたばかりの「れき」です。みんなのレンガを入れて、水を入れてふりました。１００回くらいふると、水がだんだんにごってきました。２０００回ふってレンガをおぼんに出したら、ふる前よりレンガは小さくなって３ｃｍになっていました。ごつごつだったのに、角がとれて丸くなっていました。それは、となりのレンガなどとぶつかってけずられたからです。けずられた部分は砂やどろになっていました。はじめはなかった砂がペットボトルにたまっていました。水もとう明だったのが、にごっていたのでどろが混ざっていることがわかりました。

　このことから、れきが水に流されると、ほかのれきとぶつかりだんだん丸く小さくなって、砂やどろになっていくことがわかりました。

第 10 時　川が土砂を積もらせることでできる地形

ねらい　川の流れがおそくなった所で、川が運んだ土砂を積もらせ扇状地をつくる。

準　備

教師用　・扇状地の写真（グーグルアースなどで表示、または社会科資料集など）

　　　　・流水実験装置（山をつくって水を流す）

　　　　・（あれば）扇状地のでき方がわかる資料や映像

　　　　・映像資料 NHK for School「曲がった川が土地を変える様子」（1 分 42 秒）など

展　開

① 課題を出す。

　扇状地の写真を見せる。扇状地という地形であることを教え、山地と平野の境目（中流）にできることを教える。扇状地には川があることを伝える。次の課題を出し、課題についての〈自分の考え〉をノートに書かせる。

課題⑤　扇状地という地形も川が土地をけずってできた地形か。

② 〈自分の考え〉の発表・討論。

　意見分布をとり黒板に記録する。この課題では「川がけずってでできた」「川がけずってできた地形ではない」「見当がつかない」のいずれかになる。はじめに「見当がつかない」の考え、次に意見の少ない順に書いた考えを発表させる。

予想される考え

「川がけずってできた」

　・大雨でけずった。

「川がけずってできた地形ではない」

　・流れがゆるやかになるから、けずられずに積もる。

　・砂山の実験でも、山の下に土砂が積もって扇状地のようになっていた。

「見当がつかない」

　・けずってもできそうだし、積もってもできそう

　出た考えについて、質問や意見を求め議論させる。子どもだけで議論がうまれないときは、「モデル実験から考えている人がいたけれど、思い出してどう思う？」と投げかける。山のふもとは流れが速いのか遅いのか引き出せるといい。

③ 〈人の意見を聞いて〉を書く。

④ 実験による確かめと記録。

　流水実験装置に山をつくっておき、水を流す。山と平野の間に注目させ、山のふもとに土砂が積もっていく様子を見せる。または、映像資料があればそれを見せ確かめる。

　ノートに〈実験の内容と結果〉〈確かになったこと〉を書かせる。

ノートに書かせたいこと

　実際に土砂でつくった山に水を流すと、山がどんどんけずられました。けずられた土砂は平野になったところでとまりたまっていきました。しばらくすると、おうぎのような形に土砂が積もりました。

　このことから、せん状地は川がけずった土砂が平野で積もることでできたことがわかりました。

⑤ **つけたしの話** STEP UP!

　川が曲がっている所では、内側に土砂が積もっているが、外側には積もっていない。

その様子を見せ、「カーブの外側と内側の流れる速さは同じだろうか」と問い、内側に土砂が積もっているということは内側の方が遅いという考えを引き出す。映像資料で確認する。

第11時　海まで運ばれる土砂

ねらい　細かい土砂はより下流に流され、河口付近や海底に積もる。

準　備

教師用　・東京湾のランドサット画像

（https://ja.wikipedia.org/wiki/ ファイル :Tokyobay_landsat.jpg などを使用）

・三角州の写真（グーグルアースで表示、または社会科資料集など）

・（あれば）三角州のでき方がわかる資料や映像

展　開

① 課題を出す。

「土地をけずるはたらきが大きいのはどこだった？」と問い、勾配が急な上流であることを引き出す。次の課題を出し、課題についての〈自分の考え〉をノートに書かせる。

課題⑥　川がけずった土砂のうち、ふだんの流れで海まで運ばれるものはあるか。

「ある」と書いている子には、「書けるなら、れき・砂・泥のうちどの土砂が運ばれるのかも書いて」と話す。

② 〈自分の考え〉の発表・討論。

意見分布をとり黒板に記録する。この課題では「ある」「ない」「見当がつかない」などとなる。はじめに「見当がつかない」の考え、次に意見の少ない順に書いた考えを発表させる。

予想される考え

「ある」

・泥は小さくて長く浮かんでいるから、海まで運ばれる。

・山の実験でも海は泥でにごった。

「ない」

・土砂は扇状地に積もるから海までは運ばれない。

「見当がつかない」

・長い距離だから運ばれるかどうかわからない。

・れきは運ばれないかもしれないが、泥は運ばれるかもしれない。

出た考えについて、質問や意見を求める。下流になるにつれ流れが遅くなるため土

砂が積もるようになること、「泥」は軽く長い時間浮かんでいること、といった意見についてどう思うか考えさせる。

③　〈人の意見を聞いて〉を書く。

④　資料による確かめと記録。

湾の河口部がにごっている

　東京湾のランドサット画像を見せる。河口部分の色が違うことに気づかせ、色の違いは泥が混ざっていることによるものであることを教える。泥は沈みにくいため、より下流にまで流されることを確認する。

　「海まで運ばれた土砂はどうなる？」と問い、流れがなくなることで海底に沈んで積もることを確認する。また、流れが少なくなった河口付近で砂や泥が積もった地形を「三角州」とよぶことを教え、あれば三角州の映像を見せる。

　ノートに〈資料の内容と結果〉〈確かになったこと〉を書かせる。

ノートに書かせたいこと

　東京わんの写真を見ました。河口から色が違う部分が流れているようなものがありました。これはどろが混ざっていてにごっているそうです。

　中流でれきや砂が積もるけど、小さなどろは海や河口まで流されて積もることがわかりました。

単元について

「流れる水のはたらき」では「川が地形をつくる」を

　地表に降った雨は、長い年月の間に山を削りながら深い谷をつくり、削った岩石や土を運びながら扇状地や平野をつくる。そして、日本列島にはたくさんの川がつくった地形がある。

　流水実験装置を使ったモデル実験で、こうした流れる水のはたらきをとらえることができたら、もっと視野を広げて川が地形をつくる様子が明らかになる学習にとりくみたい。近年多くの場で語られる自然災害を防ぐうえでも、こうした学習がますます必要になってきている。

山に大雨が降った時の様子

名前（　　　　　　　　　　　　　　　）

1　気づいたことを書きましょう。

	水が流れる向き	水が流れる速さ	水が流れる広さ	水が流れた後の土地の変化
山				
山と平野の間				
平野				
海				

2　今日わかったことを書きましょう。

川のようす

名前（　　　　　　　　　　　　　）

1　気づいたことを書きましょう。

	水が流れる向き	水が流れる速さ	川の色やにごり	川岸の様子周りの地形
上流 (山)				
中流 (山と平野の間)				
下流 (平野)				

2　今日わかったことを書きましょう。

日本の「　　　　　　　　　　　　　」

日本の「　　　　　　　　　　　　　　」

6．ふりこ

【目標】

ふりこの振動数は、ふりこの長さで決まる。

ふるえている物の振動数が多くなると、音が聞こえるようになる。

【指導計画】　5時間

【学習の展開】

第1時　ふりこの振れ幅と振動数

ねらい　**ふりこの振れ幅を変えても振動数は変わらない。**

準　備

教師用　・糸（長さ 50cm）　・ゼムクリップ 1個　・5円玉 1個

　　　　・鉄製スタンド 1台　・ストップウォッチ 1個

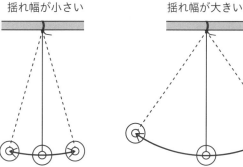

糸

少し開いた
ゼムクリップ

展　開

① 鉄製スタンドに結んでぶら下げた糸のもう一方の端に、少し開いたゼムクリップを結ぶ。これに5円玉を引っかけたふりこを用意し、5円玉が左右にゆれる様子を見せて、「このように、行ったり来たり往復する動きを『振動』という」と話す。

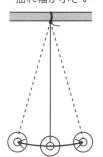

揺れ幅が小さい　　　　揺れ幅が大きい

② 身の回りに振動する物にどんなものがあるか、話し合う。ぶらんこ、ふりこ時計、メトロノームなどが出される

といい。

③ 「おもりが決まった時間に何回往復するかを『振動数』という」ことを話して、30秒間に何回往復するか、振動数の測り方を話し合う。ふりこは往復運動なので、5円玉が右端から左端まで動き、ふたたび右端に戻って来た時に1回と数えることを確認する。

④ 5円玉が右端に来たら全員で机を軽く叩くというやり方で、30秒間に何回往復するか、振動数を調べる練習をする。

⑤ 次の課題を出す。

課題① ふりこの振れ幅を今よりも大きくしたら、振動数は多くなるだろうか、少なくなるだろうか、それとも変わらないだろうか。

⑥ 〈自分の考え〉をノートに書く。大体書き終えた頃を見はからって話し合う。まず、どの意見が何人いるか、挙手させて調べ、人数を板書する。

⑦ それぞれの意見について、なぜそう考えたか、人数の少ない方から言わせる。

・振れ幅が大きくなると往復する時間がかかるから振動数は少なくなるかなとも思うけれど、戻るのに速くなるから変わらないような気もするし、見当がつかない。

・振れ幅を大きくすると元に戻るのに時間がかかるから、振動数は少なくなると思う。

・変わらないと思う。どうしてかというと、幅が大きいと速く動いて、小さいと遅くなるけれど細かく動くから、全体として同じだと思う。

⑧ 人の意見を聞いて、初めの意見を変更した子どもの人数を調べて板書する。

⑨ ④の時よりも振れ幅を大きくして、全員で30秒間の振動数を数えると、変わらないことが分かる。

⑩ 今度は④の時よりも振れ幅を小さくして、同じように数えても変わらないことを確かめる。

⑪ 〈実験したこと・確かになったこと〉を自分の言葉でノートに書く。

ノートに書かせたいこと

今日はふりこのふれはばを変えるとしん動数は変わるかを調べた。ふりこを使って30秒間のしん動数を調べたら、ふれはばを大きくしても小さくしても同じ回数だった。だから、ふれはばがちがってもしん動数は変わらないことが確かになった。

第2時　ふりこのおもりの重さと振動数

ねらい　ふりこのおもりの重さを変えても、振動数は変わらない。

準　備

グループ用　・糸（長さ50cm）　・ゼムクリップ1個　・5円玉3個
　　　　　　・鉄製スタンド1台　・ストップウォッチ1個

展　開

① 　5円玉を1個、2個、3個とゼムクリップに下げたふりこを見せて、次の課題を
　出す。

課題②　ふりこのおもりの重さを変
えたら、振動数は変わるだろうか。

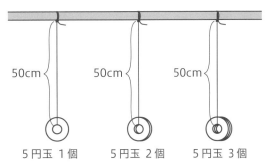

② 　〈自分の考え〉をノートに書いて
から、話し合う。まず、どの意見が
何人いるか、挙手させて調べ、人数
を板書する。

5円玉 1個　　5円玉 2個　　5円玉 3個

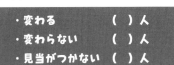

・変わる　　　　　　（　）人
・変わらない　　　　（　）人
・見当がつかない　　（　）人

③ 　それぞれの意見について、なぜそう考えたか、人数の少ない方から言わせる。

・重い方がゆっくり動くし、軽いと速く動くから、振動数も変わると思う。

・重くなればゆっくり動くとは限らないから、振動数は変わらないと思う。

④ 　人の意見を聞いて、初めの意見を変更した子どもの人数を調べて板書する。

⑤ 　グループ実験で、おもりの5円玉を1個、2個、3個に変えた時、30秒間の振動
　数を調べると、どの場合も同じになることがわかる。

⑥ 　〈実験したこと・確かになったこと〉をノートに書き、何人か発表させる。

ノートに書かせたいこと

　今日はふりこのおもりの重さを変えるとしん動数は変わるかを調べた。おもりの5
円玉を1個にした時も2個、3個にした時も30秒間のしん動数は同じだった。だから、
おもりの重さがちがってもしん動数は変わらないことが確かになった。

第3時　ふりこの長さと振動数

ねらい　ふりこの長さを変えると、振動数が変わる。

準備

教師用　・メトロノーム　・「ふりこ時計の話」のプリント（児童数分）

グループ用　・糸（長さ100cm、50cm、25cm
の3本）　・ゼムクリップ3個
・5円玉1個　・鉄製スタンド1台
・ストップウォッチ1個

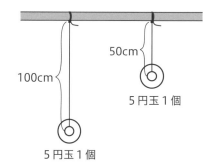

展開

① 前時までにふりこの振れ幅やおもりの重さを
変えても振動数は変わらなかったことを確認し
てから、糸の長さが50cmと100cmの長さのちがうふりこを見せて、次の課題を
出す。

課題③　長いふりこと短いふりこでは、どちらが振動数が多いだろうか。それとも変わらないだろうか。

② 〈自分の考え〉をノートに書いてから、話し合う。まず、どの意見が何人いるか、
挙手させて調べ、人数を板書する。

> ・長いふりこの方がしん動数が多い。　　　（　　）人
> ・短いふりこの方がしん動数が多い。　　　（　　）人
> ・長くても短くてもしん動数は変わらない。（　　）人
> ・見当がつかない。　　　　　　　　　　　（　　）人

③ それぞれの意見について、なぜそう考えたか、人
数の少ない方から言わせる。

・糸が長いとゆっくり動くから、長い方が振動数は少
ないと思う。

・糸を短くすればおもりが細かく動くから、振動数が
多くなると思う。

④ 人の意見を聞いて、初めの意見を変更した子ども
の人数を調べて板書する。

⑤ グループ実験で、糸の長さを100cmにした時と

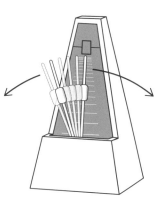

50cmにした時のそれぞれについて、30秒間の振動数を調べると、糸の長さが短く
なると振動数が多くなることがわかる。その後、糸の長さを25cmにした時も調べ
ると、振動数はもっと多くなることがわかる。

⑥　教師実験で、メトロノームのおもりの位置を上げると往復する時間がゆっくりになり、下げると速くなることを見せる。

⑦　〈実験したこと・確かになったこと〉をノートに書き、何人か発表させる。

> **ノートに書かせたいこと**
>
> 　今日はふりこの糸の長さが 100cm の時と 50cm の時で 30 秒間のしん動数を調べたら、50cm のほうがしん動数が多くなった。糸を 25cm と短くすると、しん動数はもっと多くなった。糸の長さを変えると、しん動数が変わることが確かになった。

⑧　「ふりこ時計の話」を読む。

> # ふりこ時計の話
>
> 　「ふりこの振れ幅をいろいろ変えてもおもりが往復する回数は変わらない」という性質を「ふりこの等時性」といいます。昔は右のような時計があり、時計の文字ばんの下でふりこが動いているので、ふりこ時計とよばれていました。
>
> 　気温が高い夏になるとふりこが少しのびて振動数が少なくなるので、時計がおくれます。そこで、下のおもりを少し上に上げてふりこを短くして調節しました。反対に、冬は気温が低くなるのでふりこがちぢんで振動数が多くなり時計が進んでしまいます。だから、ふりこのおもりを少し下げて調節したのです。

第４時　ばねやゴム管の振れ幅と振動数

ねらい　**ばねやゴムの振動も振れ幅が変わっても振動数は変わらない。**

準　備

教師用　・つるまきばね１個　・分銅１個　・鉄製スタンド１台

　　　　・ストップウォッチ１個

　　　　・黒板の左右の木枠に釘を打ってゴム管（外径 5mm、長さ 2 〜 3m）１本の両端を釘に結んで固定する（ゴム管はたるまない程度にゆるく張る）。

展　開

①　鉄製スタンドに下げたつるまきばねの下に分銅をつるしたものを少し引っ張って離すと、分銅が上下に往復する。これもばねの振動ということを話して、ばねが 30 秒間に何回往復するかの振動数をみんなで数える。「よーいどん」でばねを離すと、

ばねが上下に往復するので、そのリズムに合わせて子どもたちが一斉に指先で机をトントンたたく。ストップウォッチを使って30秒たったら「ストップ！」の合図。何回机をたたいたかを確かめる。

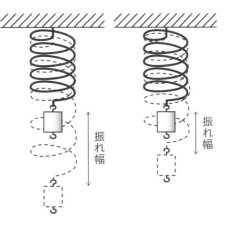

② ばねが伸びて長くなった時と縮んで短くなった時との差（図）を振れ幅ということを確認する。「このばねも振れ幅を変えると、振動数は変わるだろうか」と聞いて、30秒間の振動数を振れ幅を変えて実際に確かめてみると、振れ幅が大きくても小さくても振動数は変わらないことがわかる。

③ 両端を固定したゴム管の中央を少し下に引っ張ってから離すと、ゴム管が上下に往復運動する様子を見せる。この時、ゴム管の真ん中が振動している幅（図）を振れ幅ということを確認してから、次の課題を出す。

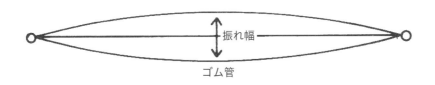

ゴム管

課題④ ゴム管の振れ幅を大きくしたら、振動数は多くなるだろうか、少なくなるだろうか、それとも変わらないだろうか。

④ 〈自分の考え〉をノートに書いてから、話し合う。まず、どの意見が何人いるか、挙手させて調べ、人数を板書する。

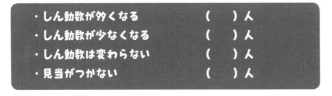

・しん動数が多くなる　　　　（　　）人
・しん動数が少なくなる　　　（　　）人
・しん動数は変わらない　　　（　　）人
・見当がつかない　　　　　　（　　）人

⑤ それぞれの意見について、なぜそう考えたか、人数の少ない方から言わせる。

・振れ幅が大きくなると往復する時間がかかるから、振動数は少なくなる。

・振れ幅が大きくなると速く往復するから、振動数は多くなる。

・ばねの振動と同じで、振れ幅を変えても振動数は変わらない。

⑥ 人の意見を聞いて、初めの意見を変更した子どもの人数を調べて板書する。

⑦ ばねの振動数を数えた時と同じやり方で、ゴム管の振れ幅を大きくした時と小さくした時の30秒間の振動数をみんなで数えると、どちらも振動数は変わらないこ

とがわかる。

⑧　〈実験したこと・確かになったこと〉をノートに書き、何人か発表させる。

ノートに書かせたいこと

　今日はスタンドにぶら下げたばねの下に分銅をつるして振動させた。ばねのふれは
ばが大きくても小さくても30秒間のしん動数は変わらなかった。その後、黒板にはっ
たゴム管のふれはばを変えたらしん動数はどうなるかを調べた。ふれはばを大きくし
た時も小さくした時も30秒間のしん動数は同じだった。だから、ばねやゴム管のしん
動もふれはばを変えてもしん動数は変わらないことが確かになった。

第5時　ゴム管の振動数と音

ねらい　ゴム管の張り方や長さを変えると振動数が変わり、振動数が
多くなると音が聞こえるようになる。

準　備

教師用　・前時に使った黒板の左右に両端を固定したゴム管

　　　　・輪ゴムギター（または本物のギター）

　　　　・「物の振動と音」のプリント（児童数分）

展　開

①　前時に使ったゴム管を見せて、振れ幅を変えても振動数は変わらなかったことを
確認する。この時数えた30秒間の振動数も確認しておく。

②　釘と釘の間隔は変えないで、ゴム管の張り方を少し強くして結び直してみせて、次
の課題を出す。

課題⑤　**ゴム管を強く張ると、振動数は多くなるだろうか、少なくなるだろうか、そ
れとも変わらないだろうか。**

③　〈自分の考え〉をノートに書いてから、話し合う。まず、どの意見が何人いるか、
挙手させて調べ、人数を板書する。

```
・しん動数が多くなる　　　　　（　　）人
・しん動数が少なくなる　　　　（　　）人
・しん動数は変わらない　　　　（　　）人
・見当がつかない　　　　　　　（　　）人
```

④　それぞれの意見について、なぜそう考えたか、人数の少ない方から言わせる。

　・強く張るといきおいがついて振動数が多くなるかなと思うけれど、ふりこで糸の
長さを変えなかったら振動数も変わらなかったから、見当がつかない。

- ・ゴム管はくぎとくぎの間の長さは変えてないから、振動数は変わらない。
- ・強くはると、ゴムのいきおいがついて振動数が多くなる。
- ・強くはるとすぐとまってしまうから、振動数が少なくなる。

⑤ 人の意見を聞いて、初めの意見を変更した子どもの人数を調べて板書する。

⑥ 強く張りなおしたゴム管で30秒間で何回振動するか、前時にやったのと同じやり方で数えると、前時に数えた振動数よりも多くなっていることがわかる。

⑦ ゴム管をもっと強く張って、同じように30秒間の振動数を調べると、さらに振動数が多くなることがわかる。ゴム管がピーンとなるくらい強く張って同様に調べると、数えられないほど速く振動する。もっと強く張ると、やがてブーンと音が聞こえるようになる。

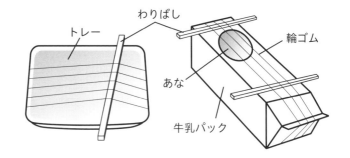

⑧ 輪ゴムギター（またはギター）をはじくと、輪ゴムや弦が振動して音が聞こえる様子を見せる。

わりばしの位置をいろいろ変えて、音を出してみよう。

⑨「物の振動と音」を読む。

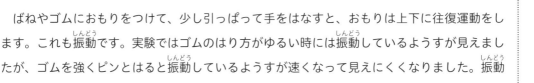

物の振動と音

ばねやゴムにおもりをつけて、少し引っぱって手をはなすと、おもりは上下に往復運動をします。これも振動です。実験ではゴムのはり方がゆるい時には振動しているようすが見えましたが、ゴムを強くピンとはると振動しているようすが速くなって見えにくくなりました。振動が多くなったからです。そして、音が聞こえるようになりました。

ふつう、物が振動して1秒間に往復する回数（振動数）が20回〜2万回になった時、人間には音として聞こえるといいます。鍵盤ハーモニカやピアノなど、いろいろな楽器が音を出している時は、みんな1秒間に20回〜2万回振動しているのです。

ゴムを引っぱってはり方をもっと強くすると、音が高くなります。また、ゴムの長さを変えると、短くするほど音が高くなります。ギターやバイオリンの弦も同じしくみで音の高い低いが出せるようになっています。

いろいろな楽器は、物の振動のし方を工夫して作られています。

⑩〈実験したこと・確かになったこと〉をノートに書き、何人か発表させる。

　ゴム管を強く張ると、しん動数が多くなった。もっと強く張ると、しん動数がどんどん多くなって、最後は数えられないくらいになった。そして、耳をすますとゴム管がブーンとなっていることがわかった。1秒間に20〜2万回のしん動数になると、人間の耳には音が聞こえるようになるということだった。

単元について

「ふりこ」では振動と音を

　教科書では、ふりこの長さ、おもりの重さ、振れ幅を変えた時のふりこの1往復する時間を調べる実験とその結果を表やグラフにまとめる学習で終わっている。しかし、ふりこは、この後、中学や高校の力学学習で部分的に登場する程度で、それほど発展的な内容をもった学習とは言えない。

　一方、ふりこもその1つである「振動」（きまった1点を通る往復運動）は、つるまきばね、楽器の弦などで見ることができる。物の振動は、音の振幅（しんぷく）や振動数を理解する時にもその基礎的な知識として必要なものである。

　今度の教科書から新しく3年で「音」が扱われるようになり、輪ゴムギターやいろいろな楽器などを使って「音が出ているとき、物はふるえている」ことを学習するようになった。ふりこの学習を、振動と音を初歩的にとらえる学習につなげていきたい。

7. 電磁石のはたらき

【目標】

導線に電流が流れると磁石のはたらきが発生する。

・電流を流し磁石のはたらきを得る道具を電磁石という。

・流す電流を変えることで磁石のはたらきを変化させることができる。

【指導計画】 13時間

【学習の展開】

第1時　磁石のはたらき

ねらい　磁石のはたらき（同極はしりぞけ合い、異極は引き合う）を思い出す。
磁石のはたらきが届く範囲があることを理解する。

準　備

教師用　・棒磁石　・鉄の棒（棒磁石を保管する際に使用する鉄片などの軟鉄）

　　　　・鉄（釘やボルトなど）　・方位磁石　・消磁した棒磁石

　　　　・鉄以外の金属（銅・アルミニウムなど）

グループ用　・棒磁石　・方位磁石

〈磁石を消磁する方法〉

　磁化用コイルには「着磁」「消磁」を切り替えるスイッチがある。「着磁」のスイッチの状態で電流を流すと、中に入れていた磁石のはたらきがよみがえる。

　「消磁」のスイッチの状態で電流を流しながら磁石を引き抜くと、磁石のはたらきがなくなる（１度では不完全なことがあるので複数回行う）。

　磁石を元に戻すには「着磁」で操作をする。

展　開

①　磁石とは？

　消磁した棒磁石を見せる。「これは何か？」と問うと、その見た目から「磁石」と答える。「本当に磁石かどうか調べるにはどうしたらいい？」と問い、鉄を近づけるとわかることを確認する。鉄を近づけても引きつけないことから、これは磁石ではないことがわかる。

　磁石かどうかは見た目ではなく、鉄を引きつけるかどうかで判断することを伝える。同様に、見た目が同じ棒磁石を出し、これが磁石かどうかを確かめる。鉄を引きつけることから磁石であることがわかる。

②　磁石のはたらきの復習。

　鉄を引きつける以外に磁石のはたらきについて覚えていることを聞き、復習する。

・鉄を引きつける。

・磁石のはたらきが強いところに「極」が２つある。

　（磁石を割っても、くっつけても極は２つ）

・磁石同士（別の極同士）は引き合う。

・磁石同士（同じ極同士）はしりぞけ合う。

・方位磁石は北を向く。

　（磁石の北を向く極がN極、南を向く極がS極）

　以上のような記憶を引き出させる。必要であれば、実験を行い事実を確かめる。

　「磁石が引きつけるのは鉄ではなく、金属」と考えている児童がいる場合には、鉄以外の金属が磁石に引きつけられるのかどうかを示し、磁石が引きつけるのは鉄だけであることを理解させる。

③　鉄が磁石になるはたらきを確認する。

　磁石が鉄を引きつけることは理解していても、磁石に引きつけられた鉄が磁石になっていることは子どもはあまり意識していない。次の実験で、磁石にくっついた鉄は磁石になることを理解させる。

棒磁石に鉄の棒をくっつける。磁石と反対の鉄の端にもう一本鉄の棒をつける。「磁石から鉄をはなすと、反対の鉄は落ちるか？」と聞く。もし落ちなかったら鉄が磁石になっていることを確認し、実験する。鉄の棒は鉄についたままになっている。

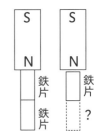

④　磁石のはたらきが届く範囲。

　鉄の棒が磁石から離れても磁石のはたらきをもったままだが、さらに鉄と磁石との距離を離していくと鉄の棒からもう一本の棒が落ちる。何度かくり返し見せ、磁石のはたらきが影響する範囲があることに気づかせる。

　グループごとに方位磁石と棒磁石を用意させ、ある程度離れた距離では方位磁石の針が動かないが、少しずつ近づけると方位磁石の針が動くことを確認させる。

⑤　〈今日したこと・見たこと・聞いたこと〉をノートに記録する。

　残り10分ほどで時間を切る。今日やったことや聞いたこと、見たことを日記のように記録しよう、と伝える。できるだけ具体的に書くようにし「授業を見ていない家の人が読んでもわかるように書こう」と声をかける。

［ノートに書かせたいこと］

　今日、磁石のはたらきを思い出しました。磁石は鉄を引きつけたり、S極とS極やN極とN極でははなれ合ったり、N極とS極では引き合ったりします。そして、これらのはたらきがある物を磁石といいます。

　次に先生が磁石に鉄のボルトをつけ、ボルトの反対にもう1つボルトをつけました。磁石を鉄のボルトからはなしてももう1つのボルトはくっついたままでした。磁石は鉄を磁石にするはたらきもありました。でも、もっと磁石をはなすとボルトは落ち、鉄が磁石ではなくなりました。

第2時　永久磁石と電磁石

［ねらい］　常に磁石のはたらきがある「永久磁石」にたいして、電流を流したときだけ磁石のはたらきがある「電磁石」がある。

［準　備］

教師用　・コイル（電磁石の鉄芯をぬいたもの）　・鉄芯　・乾電池　・導線
　　　　・演示用強力電磁石　・鉄（釘やゼムクリップなど）

［展　開］

①　電磁石の紹介（1）

　コイルを見せ、導線をたくさん巻いた物をコイルとよぶことを教える。「これは磁石

か？」と問う。「ちがう」と答えるので、「本当に磁石ではないと確かめるにはどうしたらいいか？」と問う。「鉄を引きつけるか調べる」と答えるので、鉄を引きつけないことから磁石ではないことを示す。同様に、導線や乾電池・鉄の棒（鉄芯）も鉄を引きつけず磁石のはたらきはないことを示す。

コイルに鉄芯を入れ、コイルと導線・乾電池をつなぎ回路を作る。再度「これは磁石か？」と問う。「ちがう」と答えるので、「本当に磁石ではないと確かめるにはどうしたらいいか？」と問う。「鉄を引きつけるか調べる」と答えるので、鉄を引きつけることを見せると子どもは驚く。「さっきまでは磁石ではなかったが、何が違うのか」と問い、コイルに鉄芯を入れたり、電流を流したりしていることを答えさせる。

電流を流した時だけ磁石のはたらきをもつ物を「電磁石」とよぶことを教える。また、常に磁石のはたらきをもつ物は「永久磁石」とよぶことを教える。

② 〈今日したこと・見たこと・聞いたこと〉をノートに記録する。

今日やったことや聞いたこと、見たことを日記のように記録させる。

ノートに書かせたいこと

先生が導線をぐるぐる巻いたものを見せました。「コイル」というそうです。先生は「コイルは磁石か」と聞きました。ちがうと思いました。鉄のクリップに近づけてもまったく引きつけません。かん電池や導線なども「磁石か」と聞かれましたが、どれも磁石ではありませんでした。

次に先生はコイルの真ん中に鉄の棒を入れ、コイルと導線とかん電池をつなぎました。また「これは磁石か」と聞きました。違うと思いましたが、クリップに近づけるとクリップがくっつきました。磁石になっていました。びっくりしました。

電流を流したときだけ磁石になるものを「電磁石」というそうです。いつも磁石のものを「永久磁石」というそうです。

③ 電磁石の紹介（2）

演示用の強力な電磁石を紹介する。乾電池をセットして代表児童二人に引っ張り合いをさせるが、電流が流れている間はくっついたままはずれない。乾電池をはずして電流を流すことを止めると簡単にはずれる。交代で体験させる。

また、電磁石の持ち手を理科室の天井のフックに引っかけ、ぶら下がる体験をさせてもいい（事前に教師がぶら下がり、安全であることを確認しておく。また、はしごや足場を準備し、いざという時も子どもが落下

強力電磁石

乾電池
1.5V

電磁石

することのないよう配慮する）。時間があれば、この体験についてもノートに記録させる。

第3・4時　電磁石作り

ねらい　電磁石を作り、電磁石のはたらきを確かめることができる。

準備

児童用　・ボルト（鉄製、直径6mm 長さ7cm ほどのもの）　1本

　　　　・ナット（鉄製、ボルトのネジに合うもの）　1つ

　　　　・ボルトの径に合うストロー1本

　　　　・エナメル線（ホルマル線、0.6～0.8mm の太さがいい　約10m）

　　　　・紙やすり（♯180がいい）　・乾電池　・はさみ

グループ用　・ゼムクリップなど（磁石のはたらきを確かめられる鉄）

展開

① 電磁石の作成。

　道具を用意させ、作成の手順を伝える。

1) ストローの両端に1カ所ずつ千枚通しで穴を開ける。

2) ストローにボルトを通し、ナットをつける。

3) 1) で開けた1つの穴にエナメル線の端40cm ほどを通す。残りのエナメル線をボルトに巻いていく。できるだけ隙間無く、同じ向きに巻く。

　※長いエナメル線を1人で巻く作業をすると、からませることが多い。1人は巻き、もう1人は導線をおさえておくなど、ペアで作業すると失敗が少ない。

4) ボルトの端まで巻いたら、エナメル線を重ねてボルトに折り返して巻いていく。合計200回巻く。

5) 長すぎたエナメル線は40cm ほど残して切る。1) のもう1つの穴にエナメル線を通し、ほどけないようにする。

6) エナメル線の両端を紙やすりで削り、電気が流れないコーティング部分をはがす。

7) 乾電池の＋極と−極にそれぞれエナメル線をつなぎ、鉄に近づけて電磁石になっているかどうか調べる。

② 〈今日したこと・見たこと・聞いたこと〉をノートに記録する。

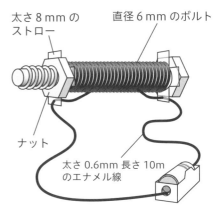

太さ8mm の
ストロー

直径6mm のボルト

ナット

太さ0.6mm 長さ10m
のエナメル線

ノートに書かせたいこと

　電磁石をつくりました。ボルトにナットをはめ、エナメル線を200回巻きました。すき間無くきれいに巻くのは難しかったです。200回巻いたら、エナメル線のはしを紙やすりでけずり完成です。かん電池につなげたらクリップがたくさん引きつきました。かん電池からはなしたらすぐにクリップが落ちました。

第5時　電磁石の極

ねらい　　電磁石にも磁石のはたらきの大きい「極」が2カ所ある。

準　備

児童用　　　・第3・4時でつくった電磁石　・乾電池

グループ用　・鉄の小片（マグチップ、またはモールやビニタイを細かく切ったもの）

　　　　　　・鉄の小片を入れるバット

展　開

①　課題を出す。

　鉄の小片を見せ、磁石につく鉄でできていることを教え課題を出す。電磁石の簡単なイラストを描かせ、たくさんつくと思う場所に赤で色を塗らせる。どうしてその場所に色を塗ったのか書ける子には理由も書かせる。わからない子には「見当がつかない」と書かせる。

課題①　　鉄がたくさんつくのはどこか。

②　〈自分の考え〉の発表・討論。

　出た考えを代表の子にイラストで黒板に描かせる。意見分布をとり黒板に記録する。はじめに「見当がつかない」の考え、次に意見の少ない順に書いた考えを発表させる。

予想される考え

「ボルトの頭とナットの2カ所」

　・作って電流を流したとき、クリップが多くついた。

　・永久磁石のN極とS極のようなところがあると思う。

「コイルの部分」

　・電流が流れているのはコイルだから。

　・コイルの部分が熱くなったから。

　出た考えについて、質問や意見を求める。子どもだけで議論がうまれないときは、「ボルトとナットの考えだと極が2つあること、コイルの部分の考えだと極が1つあることになるが、その点についてどう思う？」などと投げかける。

③　〈人の意見を聞いて〉を書く。

④　実験による確かめと記録。

各班に電磁石と鉄の小片を用意させる。各自の作った電磁石それぞれで1人ずつ結果を調べさせる。電流を流した電磁石に鉄の小片を振りかけ、どこに多く引き寄せられるか確認する。〈自分の考え〉で導線や乾電池にたくさんつくと考えている子がいた場合は、導線や乾電池でも同様に確かめさせる。

ノートに〈実験の方法・様子と結果〉〈確かになったこと〉を書かせる。

ノートに書かせたいこと

電磁石に鉄をふりかけました。すると、ボルトとナットの部分に多くの鉄がつきました。コイルの部分にもつきましたが、少しだけでした。

電磁石にも永久磁石のように磁石のはたらきが大きい「極」が2つあることがわかりました。

第6時　電磁石のN極とS極

ねらい　電磁石にも永久磁石のようにN極とS極がある。

準　備

児童用　　　・第3・4時でつくった電磁石　・乾電池　・乾電池ボックス
グループ用　・食品トレー　・水槽　・極が分かっている棒磁石

展　開

① 課題を出す。

前時に電磁石にも極が2つあることがわかったが、N極とS極があるのだろうか、と問い次の課題を出す。課題についての〈自分の考え〉をノートに書かせる。

課題②　電磁石にもN極とS極があるか。

② 〈自分の考え〉の発表・討論。

意見分布をとり黒板に記録する。本時では「ある」「ない」「見当がつかない」のいずれかになる。はじめに「見当がつかない」の考え、次に意見の少ない順に書いた考えを発表させる。

予想される考え

「ある」　・極が2つあったのだから、N極とS極があるはず。

「ない」　・極はあるけれど、電流を流して磁石にしているからない。

「見当がつかない」

　・極は2つあるけれど、色もついていないからわからない。

出た考えについて質問や意見を求め議論させるが、今回は考える材料が多くないため深い議論はできない。意見が出尽くしたところで次に進む。

③ 〈人の意見を聞いて〉を書く。

④　実験による確かめと記録。

「どうやったら確かめられる？」と問い、永久磁石でＮ極とＳ極を調べた時のことを思い出させる。

水に浮かべて北を向くのがＮ極、南を向くのがＳ極という方法と、すでに極がわかっている磁石を近づけてＮ極としりぞけ合ったらＮ極、Ｎ極と引き合ったらＳ極、という方法が出される。子どもから出されない場合は教師から説明する。

はじめに水に浮かべて調べさせる。理科室からだと北や南はどちらになるか方位を確認する。水槽に水をため、トレーを浮かべる。電流を流した状態の電磁石をトレーに乗せる(乾電池も含め回路すべてを乗せる)。ボルトの頭とナットが極なのでそれらがどちらを向くか１人ずつ確認させる。次に、電流を流した状態の電磁石に極がわかっている棒磁石を近づけさせる。

ノートに〈実験の方法・様子と結果〉〈確かになったこと〉を書かせる。

ノートに書かせたいこと

　水そうに水を入れました。電磁石をトレーに入れうかべると、向きが変わりました。ボルトの頭が北をナットが南を向きました。トレーの向きを変えてもまたゆっくりと動いて元の向きにもどりました。次に、永久磁石を近づけました。Ｎ極を近づけるとボルトの頭は逃げて、ナットがくっつきました。Ｓ極を近づけるとボルトの頭がくっつき、ナットはにげていきました。ボルトの頭がＮ極でナットがＳ極だとわかりました。

　電磁石も永久磁石と同じように、Ｎ極とＳ極があることがわかりました。

⑤　つけたしの実験と記録 STEP UP!

「電磁石にもＮ極とＳ極があるということは、電磁石同士を近づけても引き合ったりしりぞけ合ったりするか？」と問い、確かめさせます。ここで作業したこともノートに書き加えます。

ノートに書かせたいこと

　電磁石同士でも引き合ったりしりぞけ合ったりするか調べました。近づけるとナットとナットが引き合いました。ナットとボルトの頭はしりぞけ合いました。私の電磁石はナットがＳ極でボルトがＮ極なのに、Ａ君の電磁石はナットがＮ極でボルトの頭がＳ極になっていました。

第７時　電流の向きと電磁石の極

ねらい　電流の流れる向きを変えると、Ｎ極とＳ極が変わる。

児童用　　　・第3・4時でつくった電磁石　・乾電池　・乾電池ボックス

グループ用　・食品トレー　・水槽　・極が分かっている棒磁石　・検流計

展　開

① 作業課題を出す。

　第6時に極を調べた結果を聞く。ボルトの頭がN極だった子もいれば、ナットがN極だった子もいる。「どうしてか?」と問うと、「電池の向きが違ったのではないか」という考えが出る。出ない場合はモーターにつなぐ乾電池の向きを変えるとどうなるのか、4年生の電気学習を思い出させる。次の課題を出し調べさせる。

【作業】電流の向きを変えると電磁石の極が変わるのか調べなさい。

② 作業をする。

　第6時と同じ方法で、作った電磁石のN極とS極がどこなのかを確認させる。今回は電流も意識させるため回路に検流計もつなぎ、どちらからどちらに電流が流れているのか読み取らせる(水槽には乗せない)。

※検流計の針が傾いている向きに電流が流れている。

　次に、電池の向きだけを逆にし、検流計で電流の向きが反対になったことを確認させ、N極とS極が変わるのか調べさせる。

③ 実験の記録。

　ノートに〈実験の方法・様子と結果〉を書かせる。

ノートに書かせたいこと

　かん電池の+極をボルトの頭側の導線につなぎました。水そうにうかべるとボルトの頭が北を向きました。ボルトの頭がN極でナットがS極でした。次に、かん電池の+極をナット側の導線につなぎました。水そうにうかべるとナットが北を向きました。今度はボルトの頭がS極でナットがN極でした。

　永久磁石は極は変わらないけど、電磁石は電流の向きで極が変わることがわかりました。

第8時　鉄芯を外したコイルと電流

ねらい　コイルだけでも電流が流れると磁石のはたらきが発生する。

準　備

教師用　・電磁石　・鉄釘やまち針　・方位磁石　・乾電池

児童用　・第3・4時でつくった電磁石　・乾電池

グループ用　・マグチップ、またはモールやビニタイを細かく切ったもの

・マグチップを入れるバット　・方位磁石

展　開

① 電磁石からナットを外し、ボルトを取り出しコイルだけにする。電池をつなぎ回路を作る様子を見せ、次の課題を出す。課題についての〈自分の考え〉をノートに書かせる。

課題③　ボルトとナットを外したコイルに電流を流す。磁石のはたらきはうまれるか。

② 〈自分の考え〉の発表・討論。

意見分布をとり黒板に記録する。本時では「うまれる」「うまれない」「見当がつかない」の考えとなる。はじめに「見当がつかない」の考え、次に少数意見から考えを発表させる。

予想される考え

「うまれる」

　・電流を流していることには変わりないから電磁石になる。

　・鉄はコイルの部分にもついたからうまれる。

「うまれない」

　・ボルトとナットが極だったから、極をとったら電磁石にはならない。

「見当がつかない」

　・電流は流しているから電磁石になりそうだけど、一番鉄を引きつける部分がなくなったらどうなるかわからない。

出た考えについて、質問や意見を求め議論させる。子どもだけで議論がうまれないときは、「これまでと同じところはどんなところ？これまでとちがうところはどんなところ？」などと投げかける。

〈ボルトに電流は流れている？〉

「ボルトとナットに電流が流れていた」という意見が出ることがある。その場合は電磁石（ボルトとナットをつけた状態）に電流を流し、ボルトとナットに豆電球付きの導線を当てる。豆電球が光らないことからボルトとナットには電流は流れていないことを示す（この演示の前に、子どもからエナメル線は電気が通らないようにコーティングされている、という意見が出されるといい）。

③ 実験による確かめと記録。

最初に教師実験で確認する。コイルの中に軽い鉄釘やまち針を半分ほど入れておく。電流を流すとコイルの中に釘が吸い込まれる様子をくり返し見せる。鉄が動いたということは電磁石になった（磁石のはたらきがうまれた）ということを確認する。

次に児童実験でも確認する。ボルトとナットを外したコイルに電流を流し、鉄の小片を振りかける。電流を流すのを止めるとチップが落ちることから、磁石のはたらきがあることを確認する。電流が流れているときのコイルに方位磁石を近づけて、針が動く様子も確認する。

ノートに〈実験の方法・様子と結果〉〈確かになったこと〉を書かせる。

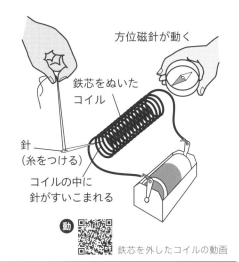

方位磁針が動く

鉄芯をぬいたコイル

針（糸をつける）

コイルの中に針がすいこまれる

動 鉄芯を外したコイルの動画

ノートに書かせたいこと

先生の机に集まりました。コイルの中にくぎが入れてありました。先生が電流を流すと、くぎが消えました。くぎはコイルの中にありました。もう一度見ると、電流を流したしゅん間、くぎがコイルに吸いこまれていきました。電流を流している間はコイルを逆さまにしてもくぎは落ちてきませんでした。

次に自分の電磁石でも調べました。コイルに電流を流してマグチップをかけると、マグチップは引き寄せられました。ふっても落ちません。電流を流すのを止めると落ちました。コイルだけでも電流を流すと磁石のはたらきがうまれることがわかりました。

第9時　1本導線と電流

ねらい　1本の導線でも電流が流れると磁石のはたらきが発生する。

準備

教師用　　　・電磁石　・方位磁石　・乾電池

グループ用　・第3・4時で作った電磁石、方位磁石　・乾電池

展開

① 課題を出す。

ボルトとナットを外しコイルだけにしたものを見せ、前時にはコイルにも電流を流すと磁石のはたらきがうまれたことを確認する。コイルの導線を50cmほどき1本の導線にし、次の課題を出す。課題についての〈自分の考え〉をノートに書かせる。

課題④ コイルをほどき1本にした導線に電流を流す。磁石のはたらきはうまれるか。

② 〈自分の考え〉の発表・討論。

意見分布をとり黒板に記録する。本時では「うまれる」「うまれない」「見当がつかない」の考えとなる。はじめに「見当がつかない」の考え、次に少数意見から考えを発表させる。

予想される考え

「うまれる」

・電流を流していることには変わりないから電磁石になる。

・導線がいっぱい集まってコイルになっているから、1本でも少しは磁石のはたらきがある。

「うまれない」

・巻いてもいない導線が磁石になるなら、電気を通しているコードなどすべてが磁石になってしまう。

「見当がつかない」

・電流は流しているから電磁石になりそうだけど、コイルを巻くことで磁石になる気もする。

出た考えについて、質問や意見を求め議論させる。子どもだけで議論がうまれないときは、「電源コードも磁石になるという話についてどう思う？」「少しのはたらきが集まって強い磁石のはたらきになっているという考えについてどう思う？」などと投げかける。

③　実験による確かめと記録。

教師実験で確認する。1本の導線を方位磁石の針と平行に重ねる。電流を流すと針の向きが変わる様子をくり返し見せる。針が動いたということは電磁石になった（磁石のはたらきがうまれた）ということを確認する。

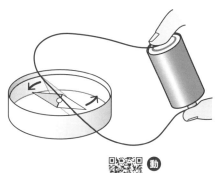

1本の導線に
電気を流す動画

時間があれば児童実験でも確認する。1本にほどいた導線に電流を流した状態で、方位磁石を近づける。近づくと針の向きが変化することから、磁石のはたらきがあることを確認する。

ノートに〈実験の方法・様子と結果〉〈確かになったこと〉を書かせる。

ノートに書かせたいこと

先生の机に集まりました。導線の下に方位磁石が置いてありました。先生が電流を流すと、針が動きました。電流を流すのを止めると元にもどりました。何度やっても針が動きました。

次に自分の電磁石でも調べました。導線に電流を流して方位磁石を近づけると、針が少し動きました。

1本の導線だけでも電流を流すと磁石のはたらきがうまれることがわかりました。

第10時　回路の中の電流の大きさ

ねらい　回路の中を流れる電流の大きさはどこでも一定である。

準　備　教師用　・電磁石　・検流計4台　・乾電池

展　開

① 課題を出す。

　乾電池と電磁石・検流計4台を導線でつないだ回路を見せる（まだ電流は流れない）。黒板に回路図（イラスト）を示し、検流計でA〜Dの電流の大きさを測ることを伝える。回路図のA〜Dが実際の回路のどの部分かを確認する。次の課題を出し、課題についての〈自分の考え〉をノートに書かせる。

課題⑤　回路を流れる電流が一番大きいのはどこか。

② 〈自分の考え〉の発表・討論。

　意見分布をとり黒板に記録する。本時では「A〜Dのいずれか」「どこも同じ」「見当がつかない」の考えとなる。はじめに「見当がつかない」の考え、次に少数意見から考えを発表させる。

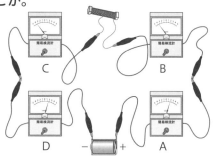

予想される考え

「A」　・電流は＋極から−極に流れるから、流れ始めたAが一番大きい。

「A」と「D」　・乾電池に一番近い場所だからたくさん電流が流れている。

「どこも同じ」　・つなぐ場所によって電流の大きさが変わるのはおかしい。

「見当がつかない」　・電流は目に見えないからわからない。

　出た考えについて、質問や意見を求め議論させる。子どもだけで議論がうまれないときは、「電流が＋極から流れることについてどう思う？」などと投げかける。

③ 実験による確かめと記録。

　教師実験で確認する。電流を流し、いずれの検流計も同じ目盛りを指していることから、電流が電磁石で消費されるということはなく、どこを流れる電流も一定であることを確かめる。

　回路図を指し、A〜D以外の部分の導線やコイルの部分では電流の大きさはどうなのかと問い、測定部分以外もすべて同じ大きさの電流が流れていることを確認する。

　ノートに〈実験の方法・様子と結果〉〈確かになったこと〉を書かせる。

ノートに書かせたいこと

　電流を流し、検流計を見ました。どの検流計も針が0.4Aを指していました。

　一つの回路を流れる電流の大きさは減ったりせず、どこでも同じということがわかりました。

第 11・12 時　電磁石のはたらきと電流の大きさ
電磁石のはたらきと巻数

ねらい　流れる電流を大きくしたり、コイルの巻数を増やしたりすると磁石のはたらきが大きくなる。

準　備

〈電流によるはたらきの変化〉

グループ用　・第3・4時で作った電磁石　・乾電池（複数）

　　　　　　　　※ボタン式の電池ボックスがあると操作しやすい。

　　　　　　　・鉄製の釘やゼムクリップ　・検流計

〈巻数によるはたらきの変化〉

教師用　・第3・4時で作った電磁石　・300回巻の電磁石　・検流計

　　　　・鉄製の釘やゼムクリップ

展　開

① 　課題を出す。

　次の課題を出す。課題についての〈自分の考え〉をノートに書かせる。

課題⑥　電磁石のはたらきをさらに大きくすることはできるか。

② 　〈自分の考え〉の発表・討論。

　意見分布をとり黒板に記録する。本時では「できる」「できない」「見当がつかない」の考えとなる。はじめに「見当がつかない」の考え、次に少数意見から考えを発表させる。

予想される考え

「できる」・直列つなぎで乾電池を増やせばできる。

　　　　　・電流をたくさん流せばできる。

　　　　　・1本の導線でも磁石になるから、導線をたくさん巻けばいい。

「できない」

　　　　　・これ以上強くすることはできない。

「見当がつかない」

　　　　　・できそうな気はするが、どんな方法でできるかはわからない。

　出た考えについて、質問や意見を求め議論させる。意見が出ない場合は、「できる」の考えで出された方法で可能なのかどうか投げかける。複数の乾電池を何つなぎにするのかを問い、直列つなぎにすることを確認する。また、直列つなぎにすると何が変化するのかを問い、電流が大きくなることを確認する。

③ 実験による確かめと記録（1）

　乾電池を増やす方法を児童実験で確かめる。1人ずつ乾電池・電磁石・検流計をつなぎ、乾電池1つの時の電流の大きさと引きつけた鉄釘やクリップの数を数えさせる。次に乾電池2つ直列のときの電流の大きさと引きつけた数を数えさせ、電流が大きくなって引きつけた鉄の数も多くなることを調べさせる。時間があれば、乾電池3つや4つを直列につないで変化を調べさせる（大きな電流が流れるため、長時間電流を流さないこと、導線が熱くなったら回路を切ることを伝える）。

　ノートに〈実験の方法・様子と結果〉〈確かになったこと〉を書かせる。

ノートに書かせたいこと

　かん電池と検流計と電磁石で回路を作ると、検流計の針は 0.6A を指していました。このとき、クリップは 26 個引きつけられました。次に、かん電池をもう1つ直列につなぎました。すると、検流計の針は 1.4A を指していました。このとき、クリップは 60 個引きつけられました。さらにかん電池をもう1つ直列につなぎました。検流計の針は 1.8A を指していました。このとき、クリップは 156 個も引きつけられました。

　かん電池を増やして直列につなぐと、電流が大きくなり電磁石のはたらきももっと大きくなることがわかりました。

〈検流計のスイッチ〉

　検流計には「豆電球・モーター用」のスイッチと「電磁石用」のスイッチがある。「豆電球・モーター用」は最大目盛りが 0.5A となり、それ以上の電流を流すと破損の可能性がある。検流計に乾電池を直列につなぐと流れる電流が大きくなるので、必要に応じて「電磁石用」にスイッチを切りかえて使用する。「電磁石用」は最大目盛りが 5A となる。

④ 実験による確かめと記録（2）

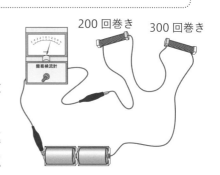

　コイルに巻く数を増やす方法を調べる。新たに巻数の多いコイルを作るのは手間と時間がかかるため教師実験で行う。200 回巻のコイルと 300 回巻のコイルを回路に直列につなぐ。実験1と同じ電流（ここでは 1.4A）を流すため、乾電池は2つ直列につなぎ、検流計で値を確認する。第 10 時に回路の中を流れる電流は一定であることを学んでいるので、200 回巻のコイルにも 300 回巻のコイルにも同じ大きさの電流が流れていることを確認する。それぞれの電磁石が引きつけた鉄の数を比較する。

　ノートに〈実験の方法・様子と結果〉〈確かになったこと〉を書かせる。

　先生が300回巻のコイルを用意しました。200回巻のコイルと300回巻のコイルを直列につなぎ、いくつクリップを引きつけるか比べました。すると、200回巻のコイルには59個、300回巻のコイルには113個のクリップがつきました。

　コイルの巻く数を増やすことでも、電磁石のはたらきを大きくすることができるとわかりました。

⑤　つけたしの話 🔁

　導線をたくさん巻くことで、1本1本の導線がつくる磁石のはたらきが合わさり、大きな磁石のはたらきがうまれる。さらに、鉄芯を入れることで、そのはたらきが1つにまとまり、より強力な電磁石をつくれることを話す。

　また〈自分の考え〉に「鉄芯を太くする」という意見もでるだろう。実際に確かめることは難しいが、鉄芯を太くして電磁石のはたらきを大きくできる。第2時に紹介した強力電磁石の鉄芯が太いことを見せながら話してもいい。

第13時　電池チェッカー作り

ねらい　**電磁石のはたらきを利用した電池チェッカーを作る。**

準　備

児童用　・エナメル線（ホルマル線）約2m　・紙やすり　・フェライト磁石

　　　　・ストロー（1本の半分の長さ）　・つまようじ

　　　　・紙コップ（試飲などに使用する小さめのもの）

　　　　・セロハンテープ　・乾電池

展　開

① 　電池チェッカーの作成。

　道具を用意させ、手順を伝える。

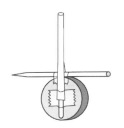

1 ）端25cmほどを残して、紙コップに十数回同じ向きにエナメル線を巻き付けテープで固定する。25cmほど余らせ、先の導線とねじって固定する。

2 ）エナメル線の両端を5cmほど紙やすりで削り、電気が流れないコーティング部分をはがす。

3 ）ストローの端に2cmほど切れ込みを入れ、間につまようじとフェライト磁石を挟みセロハンテープで固定する。

４）紙コップの上部２カ所に切れ込みを入れ、３）の部品のつまようじを引っかける。

５）エナメル線に電流を流すとフェライト磁石が引き寄せられストローが動く。乾電池を逆向きにつなぐと、ストローも逆向きに動く。電池が消耗し電流が流れない乾電池をつないでもストローが動かないことから、電池がまだ使えるかどうかのチェックができる。また、電流が流れるとストローが動くしくみは、検流計の針が動くしくみと同じであることを話してもいい。

② 〈今日したこと・見たこと・聞いたこと〉をノートに記録する。

ノートに書かせたいこと

　今日は電池チェッカーを作りました。はじめに紙コップにエナメル線を１０回巻きました。エナメル線のはしは紙やすりでけずりました。次に、ストローを切って間につまようじと永久磁石をはさみ、テープでとめます。次に紙コップの上に切れこみを入れます。切れこみにつまようじをのせたら完成です。

　エナメル線にかん電池をつないで電流が流れると、電磁石になったエナメル線と永久磁石とが引き合いストローがゆれます。使い終わったかん電池だと電流が流れないのでストローは動きません。かん電池がまだ使えるかどうか調べることができる道具ができました。

単元について
「電磁石」では「導線に電流が流れると磁石のはたらきが発生する」がポイント

　これまで永久磁石で勉強してきた子どもたちにとって、自分で作った電磁石に電気を流すとそれが磁石になるというのは、新鮮な驚きの体験である。その電磁石のコイルをほどいていって、最後は１本の導線になっても電気を流すと磁石のはたらきが発生することは、小学校の電気学習のもっともポイントになる学習である。その導線をたくさん巻くから１本では弱かった磁石のはたらきが強くなるし、中に鉄芯を入れるとそれが磁石となることも理解できる。そういう道すじが見える学習にしたい。

8．もののとけ方

【目標】

物は水に溶けてもなくならない。

・物が水に溶けると目に見えず透明になる。

・物は水に溶けて見えなくなっても取り出すことができ、すべて残っている。

・物が水に溶ける量は、物の種類や温度によって異なる。

【指導計画】　16時間

【学習の展開】

第1時　角砂糖の溶け方

ねらい　水に入れた角砂糖は目に見えなくなり透明になる。
これを砂糖が水に「溶けた」という。

グループ用　・角砂糖（各班に 20 個ほど）　・ビーカー（100mL）　・ガラス棒
　　　　　　・ガラス棒置き

展　開

① 「溶ける」と「融ける」の区別。

　今日から物が「とける」ことを学習することを伝える。「日常生活で『とける』はどんな現象を見た時に使うか」と問い、例示させる。「氷が融ける」「チョコレートが融ける」「アイスが融ける」などの例が出される。この「融ける」は一つの物が温度の変化で固体から液体に変わる変化であり、4 年生の学習（水のすがた）に近い内容であることを伝え、これから学習する「溶ける」は、「○○に△△が溶ける」と 2 つの物が関わって起こる変化であることを教える。例示させると「水に塩が溶ける」「紅茶に砂糖が溶ける」などが出される。

② 角砂糖 1 個の溶ける様子を観察する。

　「今日は『溶ける』現象をよく見てもらいたい。」と話し、作業課題を示す。

【作業】角砂糖を水に入れて様子を観察しなさい。

　各班に 50mL の水を入れたビーカーと角砂糖を用意させる。角砂糖 1 つを静かに水に入れさせ、様子を観察させる。

　変化がなくなったら、どんなことに気づいたか発表させる。「泡が出た」「モヤモヤしたものが見えた」「周りから砂糖がくずれていった」などの気づきが出される。

　「砂糖は溶けたのか？」と問うと「まだ」と答える。「どうしてそう言える？」と問うと「底に砂糖が残っている」と答えるので、「どうしたい」と問うと「混ぜたい」と返ってくる。混ぜると溶けるであろうことを確認して、ガラス棒を用意させ角砂糖を入れた児童にかき混ぜさせる。

※片手はビーカーを持ち、ガラス棒はビーカーに強くぶつけないよう混ぜることを指導する。

　砂糖が溶けると子どもは作業をやめる。「もう混ぜないの？」と聞くと「もう全部溶けた」と答えるので、「どうしてそう言える？」と問う。「砂糖が見えなくなった」と答えたところで、「溶ける」とは入れた物が見えなくなること、であることを確認する。水に何かが溶けた液体を「○○水溶液」とよぶことを教える。今日は砂糖が溶けた水溶液なので、「砂糖水溶液」とよぶことを教える。

③ 角砂糖の溶ける様子を観察する。（複数個）

　次に、作業をした子どもの隣の子どもに、さらに角砂糖 1 個を加えさせて同様に作業させる。溶けるときの様子で見ていなかったことは確かめるようにさせ、溶けきったらまた隣の子ども……と作業を繰り返させる。次の人が作業する際は必ず前の砂糖

が溶けきってから行うことを厳守させる。

　作業しているうちに出される「だんだん溶けにくくなってきた」「水の体積が増えてきた」など新たな気づきは全体で共有する。

※砂糖水溶液は次の時間に使うので、そのまま保存しておく。

④　〈今日したこと・見たこと・聞いたこと〉をノートに記録する。

　残り10分ほどで時間を切る。今日やったことや聞いたこと、見たことを日記のように記録しよう、と伝える。できるだけ具体的に書くようにし「授業を見ていない家の人が読んでもわかるように書こう」と声をかける。

ノートに書かせたいこと

　今日、角砂糖を水にとかしました。入れるとあわがいくつか出て、そのあと周りから砂糖がどんどんくずれていきました。底にたまってしまったので、ガラス棒でまぜると何も見えなくなりました。これをとけるといいます。

　次々に角砂糖を入れてとかしました。1周すると水の量が増えていました。2周目は最初よりもなかなかとけなくて、角砂糖を入れてもくずれるまで時間がかかりました。

第2時　水に入れた食塩とでんぷん

ねらい　入れた物が見えなくなり透明であれば溶けている。
　　　　入れた物が見え濁っていたら溶けていない。

準　備

教師用　・ビーカー（500mL）2つ　・薬さじ2つ　・ガラス棒2本　・薬包紙2枚
　　　　・食塩　・でんぷん（水溶性ではないもの）
　　　　・第1時に角砂糖を溶かした水溶液

（時間があれば）・ビーカー（500mL）2つ　・薬さじ2つ　・ガラス棒2本
　　　　・薬包紙2枚　・炭酸カルシウム　・クエン酸

展　開

① 課題を出す。（演示）

　薬包紙にのせた食塩とでんぷんを見せる。白い粉状の固体であることを確認し、2つの形状・粒の大きさには違いがあること（子どもの言葉で言えば食塩は「さらさら」でんぷんは「ふわふわ」）を確認する。2つは食塩とでんぷんであることを教え、それぞれをビーカーの水500mLに薬さじ（小さい方）1杯ずつ入れ、ガラス棒でかき混ぜ様子を見せる。　次の課題を出し、課題についての〈自分の考え〉をノートに書かせる。

課題①　食塩とでんぷんは水に溶けたのか。

　課題についての結論を書いた後、そう考えた理由を書かせる。わからない、まよっ

ている場合は「見当がつかない」という考えを書いてもいいことを伝える。

　教師は子どもがどんな考えをしているのかノートを見て回り、後の議論で出させたい意見を確認しておく。

② 〈自分の考え〉の発表・討論。

　意見分布をとり人数を黒板に記録する。本時では「どちらも溶けた」「食塩は溶けた」「でんぷんは溶けた」「どちらも溶けていない」「見当がつかない」のいずれかになる。はじめに「見当がつかない」の考え、次に意見の少ない順に書いた考えを発表させる。

予想される考え

「どちらも溶けた」・どちらも水に混ぜているから。

「**食塩は溶けた**」 ・でんぷんは白くなったけど、食塩は見えなくなった。

　　　　　　　　　・時間がたつと、でんぷんは下にたまっている。

「**見当がつかない**」・水に混ぜているけれど、にごったものと透明になったものがあるからわからない。

　出た考えについて、質問や意見を求め議論させる。子どもだけで議論がうまれないときは、「時間がたつとでんぷんの方は下にたまってきている、という意見があるけどどう思う？」「透明の液体と透明ではない液体があるというけれど、どちらも溶けているの？」などと投げかける。

③ 〈人の意見を聞いて〉を書く。

　友だちの意見や議論を聞いて、改めて課題についてどう思うのかを〈人の意見を聞いて〉として書かせる。意見を変えるのかどうかを書き、そうした理由を書かせる。だれのどんな意見を聞いてそう思ったのか書けるといい。早く書けた子や、討論で出なかったが全体に広めたい意見は発表させる。

④ 実験による確かめと記録。

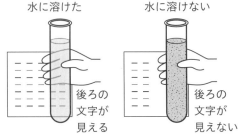

水に溶けた　　　　　　水に溶けない

後ろの文字が見える　　後ろの文字が見えない

　1時間目の砂糖水溶液を見せて比較して確かめる。砂糖水溶液は数日間も時間が経っているが砂糖が下にたまって見えない。食塩を入れた水も同じように食塩はたまっておらず、透き通っている。一方、でんぷんを入れた水はでんぷんが下にたまり、液体は濁っていて向こうが見えない。砂糖は水に溶けると確認しているので、同じようになっているのはどちら？と比較させ納得できたところで、物が溶けるとは入れた物

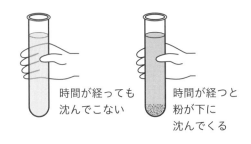

時間が経っても沈んでこない　　時間が経つと粉が下に沈んでくる

が見えなくなるだけでなく、できた液体が透明で向こう側が見えることでもあること
を確認する。

※食塩水溶液は次の時間に使うので、そのまま保存しておく。

〈実験の方法・様子と結果〉として、どんな実験をしてどうな
ったのか（また、その時の様子）を記録させる。また、今日の
学習でわかったことを〈確かになったこと〉として書かせる。

食塩とでんぷんを
水に入れる実験の動画

ノートに書かせたいこと

　砂糖水よう液と比べました。食塩を入れて混ぜた方はとう明で下にたまっていない
ので、砂糖水よう液と同じくとけていました。でんぷんを入れて混ぜた方はにごって
いて向こうが見えません。時間がたつと下にたまり砂糖水よう液とはちがっていました。

　このことから、にごっているでんぷんは水よう液ではなく、とう明で向こうが見え
る食塩が水よう液だとわかりました。

⑤　つけたしの実験 STEP UP （時間があれば）

　炭酸カルシウムとクエン酸も同様に水に入れてかき混ぜると、炭酸カルシウムはに
ごっていてクエン酸は透明になる。いずれも水に溶けたのかを判断させ、溶けたとい
える理由を発言させる。

　また、溶けずに下に沈んでいるものを「沈殿」とよぶことを教える。

第3時　水に入れたクエン酸鉄アンモニウムとベンガラ

ねらい　入れた物が見えなくなり透明であれば、水溶液に色がついていても溶けている。

準　備

教師用　・ビーカー（500mL）2つ　・薬さじ2つ　・ガラス棒2本　・薬包紙2枚
　　　　・クエン酸鉄アンモニウム（なければ食紅）　・ベンガラ（酸化第二鉄）
　　　　・2時間目に食塩を溶かした水溶液　・でんぷんを混ぜた水

展　開

①　課題を出す。（演示）

　薬包紙にのせたクエン酸鉄アンモニウムを見せる。黄色い粉状の固体であることを
確認し名前を教える。ビーカーの水500 mLに薬さじ1杯を入れ、かき混ぜさせ様子
を観察させる。次の課題を出し、課題についての〈自分の考え〉をノートに書かせる。

課題②　クエン酸鉄アンモニウムは水に溶けたのか。

②　〈自分の考え〉の発表・討論。

意見分布をとり黒板に記録する。本時では「溶けた」「溶けていない」「見当がつかない」のいずれかになる。はじめに「見当がつかない」の考え、次に意見の少ない順に書いた考えを発表させる。

予想される考え

「溶けた」

・色はついているけれど、入れた粉が見えなくなったから。

・砂糖や食塩のように向こう側が見えているから。

「溶けていない」

・色がついていて、目に見えているから。

「見当がつかない」

・入れた粉が目に見えなくなって溶けたとも思うけど、今までとちがって水に色がついているから。

出た考えについて、質問や意見を求め議論させる。子どもだけで議論がうまれないときは、「今回は色がついている、という意見があるけれどどう思う？」と投げかける。

③ 〈人の意見を聞いて〉を書く。

④ 実験による確かめと記録。

色がついていることで迷っていることから、もう1つの色がついている粉であるベンガラを紹介する。ベンガラをビーカーの水500 mL に薬さじ1杯入れ、かき混ぜ様子を見せる。ベンガラを入れた水はいくらかき混ぜても透明にならず、濁ったままである。

クエン酸鉄アンモニウムとベンガラの動画

混ぜるのをやめしばらくすると、ベンガラが底にたまってくる。「何を入れた時と似ている？」と聞くとでんぷんの時と同じであることを答える。2時間目のビーカー2つと比較させると、ベンガラはにごっているため溶けていないことがわかる。一方、クエン酸鉄アンモニウムは色がついているものの、食塩の時と同じようにできた液体が透明で向こう側が見えることから溶けていることがわかる。

ノートに〈実験の方法・様子と結果〉〈確かになったこと〉を書かせる。

ノートに書かせたいこと

ベンガラという赤い粉を水に入れるとにごりました。向こう側は見えません。これはでんぷんの時と同じです。クエン酸鉄アンモニウムを入れたビーカーは向こう側が見えていて食塩の時と同じです。ベンガラはとけず、クエン酸鉄アンモニウムはとけることがわかりました。このことから、色がついていてもとう明ですき通っていたらとけたということがわかりました。

⑤ 　つけたしの話 🈁

　２時間目までに見てきたような色が無くて透明のものを「無色透明」といい、今日のように色があるが透明のものを「有色透明」とよぶことを教える。

第４時　食塩の保存（蒸発乾固）

ねらい　水に溶けても食塩はなくなっていない。

準　備

教師用　・ビーカー（1L）に入れた水 500mL　・食塩 100g　・ガラス棒
　　　　・ピペットまたはスポイト

グループ用　・蒸発皿　・金網　・実験用コンロまたはアルコールランプと三脚

展　開

①　課題を出す。

　１Ｌビーカーに水 500 mL を入れ、100 g の食塩を入れかき混ぜる。時間がかかるが食塩がすべて溶けたことを確認して、「どうなった？」と問う。「溶けた」「見えなくなった」「なくなった」などと答えるため、次の課題を出し、課題についての〈自分の考え〉をノートに書かせる。

課題③　水に溶けた食塩は見えなくなったが、なくなってしまったのか。

②　〈自分の考え〉の発表・討論。

　意見分布をとり黒板に記録する。本時では「なくなった」「なくなっていない」「見当がつかない」のいずれかになる。はじめに「見当がつかない」の考え、次に意見の少ない順に書いた考えを発表させる。

予想される考え

「なくなった」

　・見えなくなったからなくなっている。

「なくなっていない」

　・食塩が溶けてしょっぱくなっているからなくなってはいない。

　・なくなっていたら入れた食塩がどこにいったかわからない。

　・溶かすと水溶液の体積が増えたからなくなってはいない。

「見当がつかない」

　・なくなることはないと思うけど、見えないからわからない。

　出た考えについて、質問や意見を求め議論をさせる。意見が出ない場合は、「なくなった食塩はどこにいったのかという考えについてどう思う？」などと投げかける。

③　〈人の意見を聞いて〉を書く。

④　実験による確かめと記録。

　「どうやったら確かめられる？」と問い、蒸発して取り出せる方法（蒸発乾固）を出させる（味を確かめる、という方法が出た場合は「目で見てはっきりわかる方法で確かめたい」と別の方法を提案させる）。

　各班に加熱器具・蒸発皿を用意させる。食塩水溶液をピペットで1mL蒸発皿にとり、蒸発乾固させると白い固体が現れる（見え始めたら加熱をやめる。過剰に加熱すると現れた食塩が周囲に飛び跳ねる）。「これは何か」と問うと「食塩」と答える。

　ノートに〈実験の方法・様子と結果〉〈確かになったこと〉を書かせる。

ノートに書かせたいこと

　蒸発皿に食塩水よう液を入れてもらいました。実験用コンロで加熱すると、ぶくぶくふっとうして白い物が見えてきました。水よう液があったところ一面に白い食塩が出てきました。とけて見えなくなった物も、なくならずにあることがわかりました。また、蒸発させて取り出せることもわかりました。

⑤　**つけたしの話 STEP UP!**

　水を蒸発させて水溶液中に溶けているものを取り出す方法を「蒸発乾固」ということを教える。

第5時　食塩の保存（重さ）

ねらい　**水に溶けた食塩はすべて水溶液中にある。**

準　備

教師用　　・ビーカー（1L）に入れた水500mL　　・食塩100g　　・ガラス棒
　　　　　・電子てんびん

グループ用　（時間があれば）・ビーカー（500mL）に入れた水300mL
　　　　　・食塩50g　　・ガラス棒　　・電子てんびん

展　開

①　課題を出す。

　前時に水溶液になった食塩は蒸発して取り出せたことからなくなってはいないことがわかったが、それは水を取り除き水溶液ではない状態で確かめた。水溶液の時も溶かした食塩がすべて水の中にあるのか、と問い次の課題を出す。課題についての〈自分の考え〉をノートに書かせる。

課題④　**水溶液の時も、溶かした食塩（100g）はすべて水の中にあるのか。**

② 〈自分の考え〉の発表・討論。

意見分布をとり黒板に記録する。本時では「すべてある」「すべてはない」「見当がつかない」のいずれかになる。はじめに「見当がつかない」の考え、次に意見の少ない順に書いた考えを発表させる。

予想される考え

「すべてある」

・なくなってしまうのなら、どこにいったのかわからない。

・溶けている時もしょっぱいからちゃんとある。

「すべてはない」

・少しはなくなってしまっているかもしれない。

・たくさん入れたから 0.1g くらいは少なくなっているかも。

・たくさん食塩を入れたのに蒸発させたら出てきた食塩は少なかった。

「見当がつかない」

・なくなることはないと思うけど、見えないからわからない。

出た考えについて、質問や意見を求め議論させる。子どもだけで議論がうまれないときは、「食塩がなくなったのならどこにいくのか、という意見があるがどう思う？」などと投げかける。

③ 〈人の意見を聞いて〉を書く。

④ 実験による確かめと記録。

「どうやったら確かめられる？」と問い、今度は水溶液での状態を調べるため、重さを比べればいいことが出される（子どもから出てこない場合は教師から提示する）。

演示実験で確かめる(時間があればその後児童実験を行う)。溶かす前の食塩とビーカーと水、ガラス棒をすべてはかりにのせ重さを調べる。その後、食塩を溶かし再度はかりにのせ重さを調べる。溶かす前も溶かした後も同じ重さであることから、溶けても少しもなくならないことを確かめる。時間があれば演示実験の後、児童実験で確かめてもいい。

※食塩水溶液は次の時間に使うので、そのまま静かな場所に保存しておく。

ノートに〈実験の方法・様子と結果〉〈確かになったこと〉を書かせる。

ノートに書かせたいこと

今日は重さで調べました。食塩と水とガラス棒をはかりにのせると、745ｇでした。こぼさないように食塩を水に入れ完全にとかしました。食塩水よう液をもう一度はかりにのせると、やっぱり745ｇでした。1ｇも減っていませんでした。

水よう液で見えない状態でも、とけた食塩は水の中にあり、少しもなくならないことがわかりました。

第6時　溶液の均一性

ねらい　水に溶けた食塩は水溶液全体に広がっている。

準 備

教師用　・食塩水溶液（第5時に使用したものを静置しておく）

　　　　・ピペットまたはスポイト

グループ用　・蒸発皿　・金網　・実験用コンロまたはアルコールランプと三脚

展 開

① 課題を出す。

　第5時に使用した食塩水溶液を見せる。この食塩水溶液の中には溶かした分だけ食塩があることを確認する。前の時間溶かしきってからはかき混ぜずに静かに置いてあることを伝え、次の課題を出す。課題についての〈自分の考え〉をノートに書かせる。溶けた食塩が目に見えたとして図で描かせる。

課題⑤　食塩が水溶液中にあるのなら、どこにどのように入っているか書きなさい。

② 〈自分の考え〉の発表・討論。

　意見分布をとり黒板に記録する。本時では「見当がつかない」の考えとイラストでの表現となる。はじめに「見当がつかない」の考え、次に描いたイラストについての考えを発表させる。

予想される考え

「全体にある」

　・スポーツドリンクなど置いたままでも沈まないから。

「底にある」

　・入れた食塩は底に沈むから。

　・溶けても食塩には重さがあるから。

　・ココアを飲むと底の方が味がこいから。

「周りにある」

　・食塩を溶かしたとき、ビーカーの周りに泡のようなものがあったから。

「見当がつかない」

　・見えないからわからない。

　出た考えについて、質問や意見を求め議論させる。子どもだけで議論がうまれないときは、「ココアやスポーツドリンクについて考えている人がいるが、みんなはどう思う？」などと投げかける。

③ 〈人の意見を聞いて〉を書く。

④　実験による確かめと記録。

「どうやったら確かめられる？」と問うと、蒸発させることで食塩のありかがわかるという考えが出される（子どもからでてこない場合は教師から提示する）。

児童実験で確かめる。横から見たビーカーを縦3等分横3等分計9等分し、1班から9班に1カ所ずつ調べさせる。教師がピペットで1mLずつ蒸発皿にとりわけ、蒸発乾固させ結果を調べる。すべての班の結果がわからないと確かめられないため、実験終了後は他の班の結果を見て回らせる。

ノートに〈実験の方法・様子と結果〉〈確かになったこと〉を書かせる。

ノートに書かせたいこと

蒸発させて食塩が出てくるかどうか調べました。蒸発皿に水よう液をもらい加熱しました。1班では食塩が出てきました。2班から9班を見に行くと、どの班にも同じくらい食塩が出ていました。

とけた食塩はしずまずに全体に同じようにあることがわかりました。

第7時　氷砂糖を細かくする

ねらい　水に溶けた物は目に見えないほど小さくなっている。

準備

グループ用　・氷砂糖　・新聞紙　・金づち　・厚手のチャック付きの袋　・乳鉢
　　　　　　・乳棒　・安全メガネ（全員）　・顕微鏡　・スライドガラス
　　　　　　・カバーガラス　・スポイト

展開

①　作業課題を出す。

氷砂糖を配る。砂糖の大きなかたまりであることを話し、今日はこの大きなかたまりをできるだけ小さくしてもらいたいことを伝える。

【作業】氷砂糖をできるだけ小さくしなさい。

②　作業をする。

「どうしたら小さくできる？」と問い、方法を出させる。「たたく」「すりつぶす」「溶かす」などの考えが出る。出た考えについて、作業させて少しずつ小さくしていく。

最初にたたいてくだかせる。氷砂糖をチャック付きの袋に入れ、新聞紙で包む。安全メガネをして新聞紙ごと金づちでたたき細かくする。

次に、より細かくするために乳鉢に入れ、乳棒ですりつぶす。粉のような大きさで目でははっきり見えなくなるものの、スライドガラスに少量のせて顕微鏡で見ると形が確認できる。

顕微鏡で粉状の砂糖を見ながらスライドガラスとカバーガラスの間にスポイトで1滴水をたらすと、顕微鏡で見えていた砂糖がみるみる小さくなり顕微鏡でも見えないようになる。

※ペアで作業させる。1人が顕微鏡をのぞいているところにもう1人が水を垂らす。

　たたいたりすりつぶしたりしてもなかなか小さくできなかったものを、水は顕微鏡でも見えない大きさまで一気に小さくできることを理解させる。

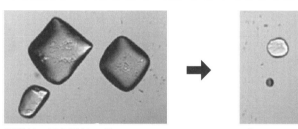 

| 顕微鏡で見た砂糖の粉 | 水でみるみる小さくなった砂糖 | 砂糖の粒の溶ける様子の動画 |

③　実験の記録。

　ノートに〈実験の方法・様子と結果〉を書かせる。

ノートに書かせたいこと

　氷砂糖を小さくしました。はじめの大きさは3cmくらいでした。ふくろに入れて新聞紙で包み金づちでたたきました。何度かたたくと粉々になって数mmの大きさになりました。乳ばちという容器に入れて棒ですりつぶしました。砂糖は粉のようになり、大きさは1mmもないくらいになりました。でもけんび鏡で見るとまだ砂糖がはっきりみえました。水をたらすと砂糖の粉がどんどん小さくなってけんび鏡でも見えなくなりました。

　水にとけるととけた物はけんび鏡でも見えないくらい小さくなることがわかりました。

第8時　食塩の飽和1（溶ける限度）

ねらい　**食塩が水に溶ける量には限度がある。**

準　備

グループ用　・食塩　・300mL ビーカー　・ガラス棒　・薬さじ
　　　　　　・食塩を入れる容器　・電子てんびん

展　開

①　課題を出す。

　次の課題を出す。課題についての〈自分の考え〉をノートに書かせる。

課題⑥　**食塩は水にいくらでも溶けるか。**

②　〈自分の考え〉の発表・討論。

意見分布をとり黒板に記録する。本時では「いくらでも溶ける」「いくらでもは溶けない」「見当がつかない」の考えとなる。はじめに「見当がつかない」の考え、次に少数意見から考えを発表させる。

予想される考え

「いくらでも溶ける」

・食塩をたくさん入れてもこれまで全部溶けたから。

・目に見えないくらい小さくなるならいくらでも溶ける。

「いくらでもは溶けない」

・角砂糖を溶かした時、入れるほどどんどん溶けにくくなった。

・水より多い食塩は溶けない。

「見当がつかない」

・ずっと混ぜていたらたくさん溶けるような気がする。

出た考えについて、質問や意見を求め議論させるが、実験に時間がかかるので多くの時間はとらない。〈人の意見を聞いて〉も時間が不足するため書かない。

③　実験による確かめと記録。

方法を説明する。ビーカーに100mL水を入れる。1人は食塩を5gはかりとる。水に食塩を入れたら溶けきるまでかき混ぜる。その間、次の子はまた食塩を5gはかりとり次の準備をしておく。溶けきったらはかっていた食塩を入れてかき混ぜる。班員で交代しながら作業を続ける。次の食塩を入れるのは食塩が完全に見えなくなってから、という約束は厳守させる。

20℃の水には約26gの食塩が溶けるので、5・6回作業を続けたところで、食塩が溶けなくなることを確認できる。

※食塩水溶液は溶け残りも含め回収し、次の時間まで保存する。

ノートに〈実験の方法・様子と結果〉〈確かになったこと〉を書かせる。

ノートに書かせたいこと

水100mLに5gずつ食塩を入れてとかしていきました。3回くらいは簡単にとけたけど、だんだんとけにくくなってきました。6回目はいくら混ぜても、食塩が底に少し残りました。どの班も食塩がとけなくなりました。

食塩は水にとける限界があることがわかりました。

④　**つけたしの話**

物が溶ける量には限界があり、限界まで物が溶けた状態を「飽和」とよぶことを教える。限界まで溶けた水溶液を「飽和水溶液」とよぶ（今回は食塩を限界まで溶かしているので、「食塩の飽和水溶液」とよぶ）ことも教える。

第9時　溶け残った食塩のろ過

ねらい　溶けた物と溶けていない物をろ過で分けることができる。

準　備

グループ用　・解剖顕微鏡　・ちぎったろ紙　・前時につくった食塩の飽和水溶液
　　　　　　・ろ紙　・ろうと　・ガラス棒　・ろうと台　・ピペットまたはスポイト
　　　　　　・ろ液を受けるビーカー　・でんぷん　・ヨウ素液

展　開

① 質問をする。

前時の飽和食塩水溶液を見せ、溶けきれない食塩が底に沈殿している様子から、次の質問をする。課題ではないので、〈自分の考え〉は書かずに口頭でやりとりする。

【質問】溶けた食塩と溶け残った食塩を分けるにはどうしたらいいか。

「網のようなものをつかえばいい（濾しとればいい）」という考えが出される。出ない場合は、溶けている食塩は小さく、溶けていない食塩は大きいという違いがあることに注目させる。

② 「ろ過」を教える。

演示で「ろ過」を教える。ろ紙という紙を使用し、ろ紙には目に見えないほどの細かい穴があいていて、その穴より大きな溶けていない食塩はろ紙の上に残り、穴より小さい溶けた食塩はろ紙を通り抜けることを教える。

ろ紙の折り方、ろ過の方法を教え実演する。ろ紙の下から出てくる液体は透明で、溶け残っていた食塩はろ紙の上に残っている様子を見せる。

③ ろ紙の観察。

解剖顕微鏡を用意させ、ちぎったろ紙の端を観察させる。紙の繊維が細かく絡み合い、小さな穴が無数にあることを観察させる。

④ ろ過の練習。

ろ過の練習をさせる。正しくろ過できたか判断しやすくするため、でんぷんとヨウ素液を使用し、水とでんぷんが混ざった液体から（水に溶けない）でんぷんを取り除く作業を行う。ろ過後の「ろ液」（ろ紙を通過した液体）にヨウ素液を加え、ヨウ素液の茶色のまま

ろ紙

半分に折る。

さらに半分に折る。

開いて、ろうとに合わせる。

ろうと

ろ紙を水でぬらして、ろうとにぴったりとつける。

なら成功。ろ液にヨウ素でんぷん反応の紫色があらわれたら失敗という判断ができる。

全員にろ過を練習させる。

⑤　実験の記録。

ノートに〈実験の方法・様子と結果〉を書かせる。

ノートに書かせたいこと

とけた物ととけてない物を分ける方法を教わりました。「ろ紙」という紙を「ろうと」という道具に入れ、上から液体を流します。とけない物はろ紙のあみに引っかかりとまります。とけた物は小さいのでろ紙を通り抜けます。でんぷんを混ぜた水でろ過を練習しました。ろ過した後の液体は青むらさき色にならなかったけど、ろ紙にヨウ素液をかけると真っ黒に変わりました。

とけた物ととけていない物をろ過で分けられることがわかりました。

第10時　食塩の飽和2（飽和水溶液へ溶かす）

ねらい　**ろ過しても長時間待っても、飽和した水溶液にはそれ以上溶けない。**

準　備

教師用　・第8時の食塩の飽和水溶液（食塩の沈殿がある状態。授業の直前につくることは避け、数日前から沈殿が残るまでかき混ぜ完全に飽和状態にしたものを使用する）

　　　　・岩塩1かけら　・ろ紙　・ろうと　・ガラス棒　・ろうと台

　　　　・ろ液を受けるビーカー　・薬さじ

展　開

①　課題を出す。

食塩の沈殿がある水溶液を見せる。いくらかき混ぜてもこれ以上溶けない様子を見せ、飽和していることを確かめる。この水溶液を（ろ紙を水で湿らせずに）ろ過し透明なろ液を見せ、次の課題を出す。加える食塩は判断しやすいように粒の大きな塩をひとかけらだけ入れることを伝える。課題についての〈自分の考え〉をノートに書かせる。

課題⑦　**ろ過した食塩の飽和水溶液にさらに食塩は溶けるか。**

②　〈自分の考え〉の発表・討論。

意見分布をとり黒板に記録する。本時では「溶ける」「溶けない」「見当がつかない」の考えとなる。はじめに「見当がつかない」、次に少数意見から考えを発表させる。

「溶ける」

・食塩を取り除いたからまだ溶ける。

・ろ過したから溶ける。

「溶けない」

・ろ過しても溶けた食塩はろ紙の下に落ちるからもう溶けない。

「見当がつかない」

・飽和してるからもう溶けないと思うけど、ろ過をしたからどうなるかわからない。

出た考えについて、質問や意見を求め議論させる。子どもだけで議論がうまれないときは、「ろ過をすると溶けていた食塩はろ紙の上にあるの？それともろ紙を通り抜けるの？」などと投げかける。

③ 実験による確かめと記録。

演示実験で確かめるが、簡単な作業なので、「溶ける」と考えている子どもに代表で行わせる。岩塩をガラス棒で砕くと溶けたかどうかが判断しにくくなるため、諦めるまでかき混ぜさせる。

④ ノートに〈実験の方法・様子と結果〉〈確かになったこと〉を書かせる。

ノートに書かせたいこと

> ぼくはとけると思ったので、先生がぼくにかき混ぜるように言いました。塩を入れずっと混ぜていてもとけません。3分混ぜてもとけないのであきらめました。塩が水にとけないんじゃないかと言ったら、先生が水に塩を入れて混ぜました。すると1分もしないでとけました。
>
> ろ過をしてもとけている食塩はなくならないので、これ以上とけないことがわかりました。

⑤ **つけたしの実験** STEP UP!

時間が経つと溶けると考える子も一定数いる。ろ過して数日したろ液を見せ、「この液体にさらに食塩はとける？」と問う。溶けると考えた児童にかき混ぜさせ、時間が経っても飽和していると溶けないことを示す。

第11時　水酸化カルシウムの溶解度

ねらい　水酸化カルシウムは水にわずかに溶ける。

準 備

教師用　・水酸化カルシウム　・薬包紙　・薬さじ　・1Lビーカー

　　　　　　　　・ガラス棒　・ろ紙　・ろうと　・ろうと台　・ろ液を受けるビーカー
　　　　　　　　・ピペットまたはスポイト
グループ用　・蒸発皿　・金網　・実験用コンロまたはアルコールランプと三脚

展　開

① 　課題を出す。

　水酸化カルシウム（薬さじ１杯ほど）を見せる。500mL の水を入れたビーカーに
水酸化カルシウムを入れ、かき混ぜる。しばらくかき混ぜ続けても透明にならず、濁
っている様子を見せる。「溶けない」などのつぶやきがでたところで、次の課題を出す。
課題についての〈自分の考え〉をノートに書かせる。

課題⑧　水酸化カルシウムは水に溶けたのか。

② 　〈自分の考え〉の発表・討論。

　意見分布をとり黒板に記録する。本時では「溶けた」「溶けていない」「見当がつか
ない」の考えとなる。はじめに「見当がつかない」の考え、次に少数意見から考えを
発表させる。

予想される考え

「溶けた」

　　・飽和しているから溶けていない分が濁っているだけで、少しは溶けているはず。

「溶けない」

　　・濁っているのだから溶けていない。
　　・入れた物は見えていて沈殿しているから溶けていない。

「見当がつかない」

　　・濁っていて溶けていないように見えるけど、もしかしたら少しは溶けて飽和して
　　　いるのかもしれない。

　出た考えについて、質問や意見を求め議論させる。子どもだけで議論がうまれない
ときは、「飽和しているから溶けずに濁っているという考えについてはどう思う？」な
どと投げかける。

③ 　実験による確かめと記録。

　「どうやったら確かめられる？」と問うと、ろ過してろ液を蒸発させることでわかる
という考えが出される（子どもからでてこない場合は教師から提示する）。蒸発させて
何も出てこなかったら溶けていない。蒸発させて何か出てきたら溶けていたというこ
とがわかる。

　教師がろ過した液体をピペットで 1mL ずつ蒸発皿にとりわけ、蒸発乾固させ結果
を調べる。蒸発乾固は児童実験で確かめる。蒸発皿が完全に乾く前に火を消させるよ
う気をつけさせる。蒸発後には白い粉状の物が残る。

ノートに〈実験の方法・様子と結果〉〈確かになったこと〉を書かせる。

　先生が水酸化カルシウムを混ぜた液体をろ過しました。出てきたとう明の液体を蒸発皿にもらい加熱しました。蒸発すると皿の上に白いまくのようなものが残りました。水酸化カルシウムがありました。少しだけ水にとけていることがわかりました。

　にごっていてとけていないように見えても、もうほうわしてそれ以上とけない状態になっていることもあることがわかりました。

④　つけたしの話 STEP UP!

　食塩は飽和水溶液 100mL 中に約 26g 溶けるが、水酸化カルシウムはわずか 0.16g しか溶けない。また飽和した水酸化カルシウム水溶液のことを「石灰水」ともよぶことを話す。

第12時　ミョウバンの溶解度（水の体積による変化）
第13時　ミョウバンの溶解度（水の温度による変化）

ねらい　水の体積が多くなると物の溶ける量は増える。
　　　　水の温度が上がると物の溶ける量は増える。

準　備

教師用　・ミョウバン　・薬包紙　・薬さじ　・1L ビーカー（2つ）
　　　　・ミョウバンの飽和水溶液　・ガラス棒

グループ用　・ミョウバンの飽和水溶液（100mL）　・200mL ビーカー
　　　　　　・100mL ビーカー　・ガスコンロ（またはアルコールランプ、三脚、金網）
　　　　　　・薬さじ　・電子てんびん　・メスシリンダー　・ミョウバン
　　　　　　・ガラス棒　・棒温度計　・スタンド

展　開

①　課題を出す。

　ミョウバンを見せる。500mL の水を入れたビーカーにミョウバン（薬さじ1杯）を入れ、かき混ぜる。ミョウバンが見えなくなり食塩と同様水に溶ける物であることを示す。次に、ミョウバンの飽和水溶液を見せ、同様にミョウバンを加える。今度はミョウバンが溶けないことから「どうして？」と問うと飽和していることを指摘する。次の課題を出し、課題についての〈自分の考え〉をノートに書かせる。

課題⑨　ミョウバンの飽和水溶液にさらにミョウバンを溶かすことはできるか。

②　〈自分の考え〉の発表・討論。

意見分布を黒板に記録する。本時では「できる」「できない」「見当がつかない」の考えとなる。はじめに「見当がつかない」の考え、次に少数意見から考えを発表させる。

予想される考え

「できる」

・水を加えれば溶けるはず。

・水にココアを入れるよりお湯にココアを入れた方がよく溶けるから温度を上げると溶ける。

「できない」

・いくら混ぜても溶けない。

「見当がつかない」

・何か方法はありそうだけど思いつかない。

出た考えについて、質問や意見を求め議論させる。子どもだけで議論がうまれないときは、「出された方法についてどう思う？」などと投げかける。

③　実験による確かめと記録。

「水の体積を増やす」という方法と「水溶液の温度を上げる」という方法がでてくるため、2つの方法で調べる。

ア）水の体積を増やす。

各班にミョウバンを入れた容器と薬さじ、電子てんびん、ミョウバンをはかりとる容器を準備させる。飽和したミョウバン水溶液（200mL ビーカーに 100mL）を配る。ミョウバン 5g をはかりとり、飽和水溶液に入れガラス棒でかき混ぜさせる。溶けないことを確認したら、別の 100mL ビーカーに水 100mL を用意させミョウバン水溶液に加える。再度かき混ぜさせ、今度はミョウバンが溶けて見えなくなることを確認させる。

食塩の飽和を調べた時と同様に、ミョウバン 5 g が溶けたら次の 5 g を加える。2、3回加えたところで溶けなくなることを確認させる。

ノートに〈実験の方法・様子と結果〉〈確かになったこと〉を書かせる。

ノートに書かせたいこと

はじめにほうわしたミョウバン水よう液にミョウバンを入れてかき混ぜました。いくらかき混ぜてもミョウバンは見えていました。次に、水を 100mL 加えてもう一度かき混ぜました。すると、ミョウバンはだんだん小さくなり見えなくなりとけました。さらに 10g ミョウバンを加えたところでもうとけなくなりました。

水が増えるとその分とける量が増えることがわかりました。

イ）水溶液の温度を上げる。

各班にミョウバンを入れた容器と薬さじ、電子てんびん、ミョウバンをはかりとる容器を準備させる。飽和したミョウバン水溶液（200mL ビーカーに 100mL）を配る。ミョウバン 5g を入れかき混ぜさせる。溶けないことを確認させる。実験用ガスコンロ（またはアルコールランプと三脚）、金網、温度計、スタンドを用意させ加熱器具の上に金網、金網の上にビーカー、ビーカーの中に温度計をセットさせる（温度計はスタンドで固定）。

加熱する前の温度を確認させ、加熱を始める（火力は強くしすぎない）。40℃になったところで、溶け残っていたミョウバンは見えなくなっている。ア）と同様に、ミョウバン 5 g が溶けたら次の 5 g を加える。水を加えた時よりも多量に（10 回ほど加えても）溶けることを確認させる。水溶液が 60℃を超えたら加熱を止めさせるが、ミョウバンの追加は続けさせる。ミョウバン水溶液は溶け残りも含め回収し、次の時間まで保存する。

ノートに〈実験の方法・様子と結果〉〈確かになったこと〉を書かせる。

ノートに書かせたいこと

はじめにほうわしたミョウバン水よう液にミョウバンを入れてかき混ぜました。いくらかき混ぜてもミョウバンは見えていました。このときの温度は 20℃でした。加熱をして 40℃になるころにはミョウバンはもう見えなくなっていました。ミョウバンを何度追加してもすぐにとけてしまいました。水を増やした時よりたくさんのミョウバンがとけました。

温度が上がるとその分とける量が増えることがわかりました。

※時間があれば、加熱後温度が下がった後にでてくるミョウバンの結晶を見せられるといい。

第 14 時　ミョウバンの結晶づくり

ねらい　温度が高いミョウバン水溶液の温度を下げることでミョウバンを取り出すことができる。

準　備

教師用　・ミョウバンが析出した水溶液　・ミョウバンの種結晶
　　　　・プラカップを入れておく大きめの発泡スチロール容器

グループ用　・ミョウバンの飽和水溶液 100mL の入った 200mL ビーカー
　　　　　・ガラス棒　・ミョウバン 5 g
　　　　　・実験用ガスコンロ　またはアルコールランプと三脚、金網

児童用　・小さめのプラスチックカップ　・エナメル線 10cm
　　　　・割り箸（5 cm 程度）　・ミョウバンの種結晶

〈種結晶の準備〉

❶　教材のカタログにある「カリ明バン（硫酸カリウムアルミニウム）大粒」を種結晶として使用できる。

❷　自作する場合は次の手順でつくる。

・ミョウバンを水に入れ、加熱し溶かした水溶液を平らなタッパーに入れておくと、底に結晶が析出する。

※　ミョウバンが多すぎると細かな結晶が多くでき、少なすぎると平たく大きな結晶ができる。細かな結晶が多くできた場合は水を加えて再度加熱し、平たく大きな結晶ができた場合はミョウバンを加えて再度加熱し調整する。種結晶としては 5mm 程度の大きさが使いやすい。

展　開

①　作業課題を出す。

　前の時間のイ）で使用したミョウバン水溶液を見せる。実験した時には沈殿がほとんどなかったが、今は白い沈殿が多くあることに気づかせる。沈殿はミョウバンであること、温度が高いときには溶けていたが温度が下がると溶けなくなって出てきたことを教える。

　溶けていた物が固体として出てくるときに、規則正しい形に並んで出てくるものを「結晶」ということを教え、今日は結晶をつくる作業をすることを伝える。

【作業】ミョウバンの結晶をつくりなさい。

②　作業をする。

　各班にミョウバンの飽和水溶液が入った 200mL ビーカー（水溶液は 100mL）、ガラス棒、ミョウバン 5g を用意させる。実験用ガスコンロ（またはアルコールランプと三脚）、金網も用意させ加熱器具の上に金網、金網の上にビーカーをセットさせる。

　各自、ミョウバンの種結晶、エナメル線、5cm ほどに切った割り箸、60mL ほどのプラカップを用意させる。

　グループごとにミョウバン 5g を加え、ミョウバン水溶液を加熱・攪拌して溶かす。溶けきったら加熱を止める。加熱しすぎると種結晶が溶けてしまうので注意させる。

　子ども 1 人ひとりに種結晶を机に置き、エナメル線の先を加熱する。エナメル線の先が赤くなったら素早く垂直に種結晶に突き刺す。種結晶の反対側のエナメル線を割り箸に巻き付け、種結晶の位置がプラカップの中央になるよう調節する。割り箸に名前を書き、プラカップにミョウバン水溶液を入れる。

　ミョウバン水溶液の中央に種結晶がくるように再度調節し、発泡スチロールの容器に入れさせる。

③　実験の記録。

　ノートに〈実験の方法・様子と結果〉を書かせる。

　ミョウバンのほう和水よう液の温度を上げてさらにミョウバンをとかしました。結しょうの元になる小さいミョウバンをエナメル線でさし、わりばしに巻き付けミョウバン水よう液にたらしました。一晩たつと温度が少しずつ下がって、元になるミョウバンにとけきれなくなったミョウバンがくっついて大きくなるそうです。明日が楽しみです。

※翌日、箱から取り出しティッシュで拭いて袋に入れて持ち帰らせる。内容物の表示をつくっておくと雰囲気がでる。

第15時　水に溶ける物と溶けない物

ねらい　水に溶け他の液体に溶けない物があり、水に溶けず他の液体に溶ける物がある。

準　備

教師用　・食塩（小さい方の薬さじ半分程度）
　　　　・ヨウ素（小さい方の薬さじ半分程度）　・エタノール（エチルアルコール）
　　　　・ビーカー（4つ）　・薬さじ　・薬包紙　・ガラス棒（4本）

児童用　・水性ペン　・油性ペン　・ティッシュ
　　　　・ラミネートフィルムやクリアファイルなど表面が滑らかなもの

展　開

①　演示実験を行う。

　食塩を水に入れて溶ける様子を見せる。次に水とは異なる液体のアルコールを見せる。「食塩はアルコールに溶けるか？」と問う。当てずっぽうだが予想を聞き、確かめる。アルコールに入れた食塩はいくら混ぜても溶けない。

　次に、ヨウ素を見せる。ヨウ素でんぷん反応のヨウ素液に入っている物であることを教え、水に入れる。長くかき混ぜてもヨウ素が見えなくなる様子は見られない。ヨウ素は水にほとんど溶けないことがわかる。「ヨウ素はアルコールに溶けるか？」と問う。水に溶けなかったのだから溶けるだろうと予想する。アルコールに入れた直後に有色透明になり、溶けている様子がわかる（すべて溶けるには少し時間がかかる）。

　ノートに〈実験の方法・様子と結果〉を書かせる。

　水に食塩はとけますが、アルコールにはとけませんでした。逆に、ヨウ素という物はアルコールにはよくとけますが、水にはほとんどとけませんでした。水にとける物でも別の液体にはとけない物があり、水にとけない物でも別の液体にはとける物があることがわかりました。

② 児童実験を行う。

　表面が滑らかなプラスチックフィルムに水性ペンで文字を書く。水で濡らしたティッシュで拭き取ると、文字が見えなくなる。「どうしてか？」と問い、インクが水に溶けてティッシュにしみ込んだからであることを答えさせる。

　次に、油性ペンで文字を書く。水で濡らしたティッシュで拭き取っても文字は残ったままである。「どうしてか？」と問うと、油性ペンのインクは水に溶けないと答える。油性のインクを溶かす液体を使えば文字を消せることを想像させ、エタノールをしみ込ませたティッシュで拭き取る。今度は文字が見えなくなる。インクがエタノールに溶けてティッシュにしみ込んだからであることがわかる。

　名前ペン（油性ペン）・プラスチックフィルム・ティッシュ・エタノールを用意させ、自由に落書きさせた後（人が見て不快に思うことは書かせない）、エタノールをしみ込ませたティッシュで拭き取らせる作業を行う。

　ノートに〈実験の方法・様子と結果〉を書かせる。

ノートに書かせたいこと

　水性ペンを水でふき取ると文字が消えました。インクが水にとけているからです。油性ペンは水でふき取っても消えませんでした。でもアルコールでふき取ると文字が消えました。油性のインクは水にとけず、アルコールにはとける物でできているそうです。書いた文字が一しゅんで消えてま法のようでした。

第16時　アルコールに溶ける植物の色素

ねらい　植物の緑色の色素はアルコールに溶ける。

準　備
グループ用　・300mL ビーカー（熱湯を入れたもの）
　　　　　　・試験管（エタノールを入れたもの）
　　　　　　・試験管（水を入れたもの）　・植物（カタバミ、ジャガイモ、タンポポ
　　　　　　　など）の葉

展　開
① 作業課題を出す。

　植物の葉を見せ、緑色であることを確認する。「この緑色は水やアルコールに溶けるだろうか？」と問う。水に溶けると雨で色がなくなってしまうから水には溶けないだろうが、アルコールには溶けるかもしれないと考える。作業課題を出し、調べさせる。
【作業】植物の緑色の元は水やアルコールに溶けるのか調べなさい。
② 作業をする。

葉をエタノールに入れた試験管、葉を水に入れた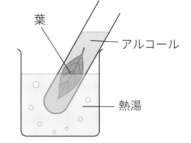
試験管、ビーカーを用意させ図のように試験管を湯
煎する。葉をエタノールに入れていた試験管は緑色
の有色透明に変わってくる。葉を水に入れていた試
験管は、特に変化が見られない。

③　実験の記録。

　ノートに〈実験の方法・内容と結果〉を書かせる。

ノートに書かせたいこと

　植物の緑色が水やアルコールにとけるのか調べました。葉を入れた試験管を湯せん
すると、アルコールの方はだんだん緑色に色が変わってきました。

　植物の緑色は水にはとけないけど、アルコールにはとけることがわかりました。

単元について

「もののとけ方」では「物は水に溶けて見えなくなっても なくならない」を

　砂糖や食塩を水に溶かすということは、日常生活でもよく経験していることだが、
「物が水に溶けるとはどういうことか」となると、大人でもあまり意識して考えること
はない。でも、氷砂糖を金づちでたたいてどんなに細かくつぶしても、顕微鏡で見る
と砂糖の粒が見えるのに、これに水を加えると、一瞬にして顕微鏡でも見えない粒に
なってしまう。砂糖は水の中で直径 0.0000001cm 以下の光の波長よりも小さい粒（分
子）になってしまい、光が反射しないで通過してしまうので、見えなくなってしまう
のである。これが「溶解」という現象である。

　「もののとけ方」の単元では、「物が水に溶けると目に見えなくなる」ということを
まずしっかりとらえさせたい。そして、砂糖は水の中で目に見えないほどの小さな粒
になっても、なくなってしまったわけではないので、砂糖が水に溶ける量には限界が
あることも説明できる。

　子どもたちに「分子」のようなミクロな現象を教えることは必要ないが、「溶解」と
はどのようなことなのか、教師として知っておきたいことである。

おわりに

　各地の児童館や科学館などで子ども向けの科学教室が開かれ、そこにたくさんの親子連れが参加して実験や工作を楽しんでいる様子をテレビで見たことがあります。私が参加している科学教育研究協議会※が、毎年、夏休み中に開いている「科学お楽しみ広場」でも子どもや教師向けのブースに集まった子どもたちが目を輝かせている姿が見られます。それほど子どもは実験が大好きです。

　その一方で、教科書に載っている実験は細か過ぎる条件を考えさせたり、実験データを表やグラフにまとめ「結果」「考察」「結論」を形式通りに書かせることが中心になって、楽しいはずの理科がきらいになったということもよく聞く話です。

　理科の学習は、自分で予想したことが目の前の実験や観察の事実で確かめられる、そういう楽しさがあります。私の学級の子どもたちが、白熱した討論をしたあと、実験で予想通りの結果になるか息を凝らして見守っている表情が忘れられません。子どもたちにとって、理科は本当は楽しくてたまらない教科なのだと思います。

　私の学級で、次のような感想を書いた子どもがいました。「私は、理科の勉強をやってきて、自分の考えをもつことができるようになりました。前は何も考えようとしていなかったけれど、理科の勉強をやって、ちゃんと自分で考えて書くことができるようになりました。そして、自分の考えがたくさん出せるようになりました」。

　私は、こうした授業が誰にでもできることを科学教育研究協議会や理科サークル、研究会などで学んできました。いろいろな先生たちが授業の様子を話すのを聞きながら、ああいう授業をしたらきっと子どもたちが目を輝かせるだろうと思って、真似したくなる、そして、翌日の教室にわくわくした思いで向かうのです。この本に紹介した授業プランは、そうして学びながらつくったものです。

　もちろん、授業は子どもや学校、地域の実情にしたがって、それぞれの教師が工夫した進め方をすればいいので、子どもたちの反応をみながら手直ししていくことが大切なことです。ただ、ここに紹介したような授業を進めれば、少なくとも現在の教科書よりはずっと子どもたちにとって楽しくて学びがいのある学習が実現できると思っています。

　ほんものの自然科学が子どもたちのなかに根づく授業が広がることを、心から願っています。

2020年3月　小佐野正樹

※　科学教育研究協議会は理科教育に関心のある幼・小・中・高校・大学の教師や研究者・出版関係者などが参加している民間の研究団体です。月刊雑誌『理科教室』を刊行し、全国各地の理科サークルなどで活動をしています（詳しくはHPをご覧ください）。

著者●

小佐野　正樹（こさの・まさき）

本書第 1 ～ 4 章・第 5 章（1）（2）（3）（6）執筆
元・東京都足立区立小学校教諭　科学教育研究協議会会員　自然科学教育研究所所員

八田　敦史（やつだ・あつし）

本書第 5 章（4）（5）（7）（8）執筆
埼玉県公立小学校教諭　科学教育研究協議会会員　自然科学教育研究所所員

参考文献●

『どう変わる　どうする小学校理科　新学習指導要領』（小佐野正樹・佐々木仁・高橋洋・長江真也／本の泉社）

『これが大切 3 ～ 6 年小学校理科』全 4 巻（本の泉社）

『教科書よりわかる理科　5 年』（高橋真由美 編著／合同出版）

『小学校　理科の学力』（江川多喜雄 著／子どもの未来社）

『教科の本質がわかる授業シリーズ　理科編』全 4 巻（日本標準）

『写真でわかる　花と実』（江川多喜雄 著／子どもの未来社）

『ファーブル写真昆虫記　長い鼻は穴あけドリル』（岩崎書店）

『カエルのたんじょう』（種村ひろし／あかね書房　科学のアルバム）

『たまごのひみつ』（清水清／あかね書房　科学のアルバム）

『交尾』（高柳美知子・松本徳重／子どもの未来社）

『すをつくるさかな・いとよ』（三芳悌吉・福音館書店／かがくのとも）

『かわ』（加古里子／福音館書店）

月刊雑誌『理科教室』（科学教育研究協議会 編集／本の泉社）

『ちょっとやってみようかな化学』（米沢剛至 著／日本評論社）

『天気ハカセになろう　竜巻は左巻き？』（木村龍治 著／岩波ジュニア新書）

本質がわかる・やりたくなる　新・理科の授業　5 年

2020 年 10 月 14 日　第 1 刷印刷
2020 年 10 月 14 日　第 1 刷発行

著　者●小佐野　正樹・八田　敦史
発行者●奥川　隆
発行所●子どもの未来社
〒 113-0033　東京都文京区本郷 3-26-1 本郷宮田ビル 4 F
　　　　　　TEL：03-3830-0027　　FAX：03-3830-0028
　　　　　　振替　00150-1-553485
　　　　　　E-mail：co-mirai@f8.dion.ne.jp
　　　　　　HP：http://comirai.shop12.makeshop.jp/

印刷・製本●株式会社 文昇堂

編集●高原良治
本文イラスト●松田シヅコ
デザイン・DTP ●シマダチカコ
制作協力●（株）京北